FACTUM

CONCERNANT

LES DROITS DE JUSTICE

DE MONT-REVEL, ET DE S. MARTIN,

CONTRE

Le Préſidial de Bourg en Breſſe.

A PARIS,

Chez **ALEXIS-XAVIER-RENE' MESNIER**, Libraire-Imprimeur,
ruë Saint Severin, au Soleil d'or.

———————————

M. DCC. XXVI.

FACTUM SIGNIFIÉ.

POUR Meſſire Melchior-Eſprit de la Baume, Chevalier, Comte de Mont-Revel, Brigadier des Armées du Roy. Et Meſſire Charles-Antoine de la Baume Mont Revel, Chevalier, Marquis de Saint Martin, & de Peſmes.

CONTRE Meſſieurs les Officiers du Preſidial de Bourg-en-Breſſe.

LES attentats & les entrepriſes continuelles du Preſidial de Bourg, ont enfin forcé Monſieur le Comte de Mont-Revel, & Monſieur le Marquis de Saint Martin, de recourir à l'autorité du Roy pour en arrêter le cours.

Ces deux Seigneurs ont preſenté leur Requête à Sa Majeſté le 23. Mars 1725. par laquelle ils ont demandé qu'il plût à Sa Majeſté les maintenir & garder dans leurs Droits de Juriſdiction ordinaire, & d'appel ; & en conſequence ordonner que ſuivant & conformément aux Droits, Privileges, Préeminences & Prerogatives, accordées à leurs Terres & Seigneuries par les Comtes & Ducs de Savoye, lorſqu'ils eſtoient Souverains de la Breſſe, & depuis par les predeceſſeurs Rois de France, leurs Officiers connoîtront, de toutes actions civiles & criminelles, perſonnelles, réelles & mixtes entre toutes ſortes de perſonnes, même les Nobles demeurants dans l'étenduë de leurs Juſtices, de toutes matieres petitoires & poſſeſſoires en matiere prophane ; des ſubhaſtations, decret & diſcutions generales de biens-meubles & immeubles ; au cas que le debiteur diſcuté ſoit domicilié dans l'étenduë de leurs Juriſdictions, & que la plus grande partie de leurs biens y ſoit ſituée ; de toutes actions procedantes des Contrats paſſez pardevant des Notaires Royaux, dont les Parties ou le Deffendeur, ſeront juſticiables des expoſants. Des Lettres de reſciſion & des Dations de Tutelles & Curatelles de toutes ſortes de perſonnes de quelle qualité & condition qu'elles ſoient, même des Nobles, & de la confection des inventaires des biens par eux delaiſſez. 3º Ordonner en outre que les appellations des Sentence renduës par leurs Juges d'appel, reſſortiroient pour les cas preſidiaux au Preſidial de Bourg, pour y être jugées diffinitivement & en dernier reſſort, & pour tous les cas non preſidiaux au Parlement de Dijon.

Le Preſidial de Bourg ſe donne la liberté de conteſter aux Officiers du Comté de Mont-Revel, & du Marquiſat de Saint Martin, la connoiſſance des cauſes des Nobles dans

A

l'étenduë de ces deux Terres. 2°. La connoissance des matieres possessoires seculieres. 3°. La connoissance des Actions procedantes des Contrats passez pardevant les Notaires Royaux. 4°. La connoissance des discutions generales. 5°. Le Presidial pretend que les appellations des Sentences renduës par les Juges d'appel du Comté de Mont-Revel, & du Marquisat de Saint Martin, se doivent relever au Presidial ou au Bailliage, avant d'être portées au Parlement.

Par le Memoire imprimé que le Presidial a fait signifier, il paroît que le Presidial non content des entreprises qu'il a commises, voudroit aujourd'hui par un attentat sans exemple, contester le second degré de Jurisdiction du Comté de Mont-Revel, & du Marquisat de Saint Martin, quoique comme on va le démontrer dans un instant, ce droit ait esté nommément accordé à la Maison de la Baume Mont-Revel, par les Souverains, par des Titres qui sont aussi respectables qu'ils sont glorieux à cette illustre Maison, qui joint à tous ses Titres une possession publique, & paisible de quatre cens ans.

Voilà l'idée generale des contestations que Monsieur le Comte de Mont-Revel, & Monsieur le Marquis de Saint Martin, se trouvent reduits dans la necessité de soutenir pour reprimer les entreprises, & la temerité d'une Compagnie qui leur doit toutes sortes d'honneurs & de respects.

On divisera le present Factum en deux parties, dont la premiere renfermera une Analyse exacte & sommaire des Titres d'inféodation du Comté de Mont Revel, du Marquisat de Saint Martin, & des Baronnies des Terres & Seigneuries qui en dépendent, & qui y sont incorporées & annexées.

Dans la seconde partie on examinera le Memoire imprimé du Presidial, & on détruira d'une maniere victorieuse, les pretextes également faux, illusoires & absurdes, dont le Presidial se sert pour colorer ses entreprises, & pour contester à Monsieur le Comte de Mont-Revel, & à Monsieur le Marquis de Saint Martin, des Droits, Dignitez, & Prérogatives, qui sont de glorieux monumens des importants services que leurs * Virgile. Illustres Ancêtres ont rendus à leurs Souverains, *veterum decora alta parentum.* *

PREMIERE PARTIE.

Contenant l'Analyse des Titres de Mont-Revel.

Le Comté de Mont-Revel est la plus ancienne Terre, & le plus ancien Comté des Provinces de Bresse & de Bugey, & de tous les Etats de Savoye.

La Maison de la Baume Mont-Revel, est du nombre de ces Maisons glorieuses qui servent d'ornement aux Provinces où elles sont nées, & au Royaume où elles fleurissent.

Cette Maison respectable, n'a point de commencement, il est à souhaiter qu'elle soit sans fin.

Elle a été également, & dans les mêmes-temps, cherie, estimée & honorée des Rois de France, des anciens Comtes & Ducs de Savoye, & des Ducs & Comtes de Bourgogne, qui ont pour ainsi dire, à l'envie confié aux illustres Personnages que cette maison a produit, les Charges les plus importantes de leurs Couronnes, & les ont honoré des premieres Dignitez dont il est bon de rapporter quelques legeres preuves.

Estienne de la Baume, surnommé *le Gallois*, commença à se distinguer dans les premieres années du siécle 1300. étant né sur la fin du siecle 1200. il fut d'abord pourvû de la Charge de Bailly de Chablais, par Aymond Comte de Savoye, après la mort duquel Edoüard son fils estant entré en guerre avec Guillaume Comte de Genêve, confia la conduite de son Armée à Gallois de la Baume, qui, après avoir pris le Château de Ballon d'assaut, contraignit les Gentilshommes de la Province de jurer fidelité au Comte Edoüard, & de quitter le party du Comte de Genêve.

Edoüard Comte de Savoye, étant mort à Paris l'an 1329. & y ayant difficulté entre Jeanne de Savoye sa fille, Duchesse de Bretagne, & Aymond de Savoye son frere, pour la succession au Comté de Savoye; Gallois de la Baume dans l'Assemblée des Etats, fut d'avis que le Prince Aymond de Savoye fut reconnu pour légitime Seigneur, ce qui fut approuvé & exécuté, & la Duchesse de Bretagne excluse de sa succession.

Enſuite Gallois de la Baume étant entré au ſervice de la France, où il ſe diſtingua, Philippes VI. l'honora de la charge de Grand Maître des Arbaleſtriers de France en 1335. * à laquelle a ſuccedé celle de Colonel Général de l'Infanterie Françoiſe.

Quelques années auparavant Gallois de la Baume avoit épouſé Alix de Châtillon.

Le Roy Philippes VI. après avoir donné à Gallois de la Baume le Gouvernement de la Ville de Pennes en Agenois, lui confia peu de tems après le Gouvernement de Cambray, avec Thibauld de Morreüil & le Seigneur de Roye, où ils furent aſſiegez par Edoüard Roy d'Angleterre, mais la place fut défendue avec tant de valeur, que les Anglois furent contraints de lever le ſiége.

En 1341. Philippes VI. crea Gallois de la Baume ſon Lieutenant General en Bretagne, en laquelle qualité le Roy le commit avec quelques autres Perſonnages ſignalez, pour ramener les Bretons à ſon obéïſſance & du Duc de Bretagne.

Enfin, le Roy Philippes croyant ne pouvoir aſſez dignement reconnoître & recompenſer les ſervices d'Eſtienne de la Baume, le crea ſon Lieutenant General au Gouvernement de Languedoc & de Xaintonge par Lettres Patentes du 15 May 1348. qu'il eſt bon de rapporter ici, pour faire connoître juſques où s'étendoit l'eſtime de la confiance que le Roy Philippes avoit pour Eſtienne de la Baume, par le pouvoir immenſe & abſolu qu'il lui donna.

Philippes, par la grace de Dieu Roy de France, à tous ceux qui ces preſentes Lettres verront: Sçavoir faiſons, que nous confiant à plein du ſens loyauté & diligence de notre féal Chevalier & Conſeiller le Gallois de la Baume, icelui Chevalier avons fait, & faiſons par la teneur de ces Preſentes notre Lieutenant General en toutes les parties de la Languedoc & de Xaintonge, auquel nous avons donné & donnons plein pouvoir, autorité, & Mandement de mettre, ôter & remuer, établir & faire aſſembler gens d'Armes toutefois & quantes que beſoin ſera, de rapporter bancs, de remettre, pardonner & quitter toutes ſortes de crimes, de faire reſtitution de biens, de pays & de renommée, d'ôter, remettre & de remuer nos Senechaux, Baillifs, Prévôts, Viguiers, Juges, Châtellains, Receveurs & tous autres nos Officiers, de donner toutes manieres d'Office à gages ou ſous gages, à vie ou à volonté, de donner bien des Rebelles & de faire autres dons de par nous, en la maniere que bon lui ſemblera: D'octroyer nobilitations, franchiſes & libertés, de faire payer & aſſigner, gages de ſervis, & que deſſervis ſeront en nos Guerres, & generalement de faire & ordonner toutes les autres choſes que nous ferions, ou faire pourrions, ſi preſens y étions en propre perſonne, leſquelles choſes nous voulons avoir pleine force, & vertu tout ainſi; que ſi par nous eſtoient faites & ordonnées, paſſees en notre Conſeil, & par la Chambre de nos Comptes à Paris.

Après la mort de Philippes VI. le Roy Jean ſon fils & ſon ſucceſſeur à la Couronne, honora Galois de la Baume, & ſa maiſon de toute ſa faveur.

Le Roy d'Angleterre ayant puiſſamment armé contre la France, le Roy Jean honora Galois de la Baume de pluſieurs Lettres, pour l'inviter de le venir ſecourir au plûtôt, & avec le plus de Gens d'Armes qu'il lui ſeroit poſſible.

Par l'une de ces Lettres datée de Saint Germain en Laye du 16 Aouſt 1353. le Roy Jean fait l'honneur à Gallois de la Baume de ſe ſervir des termes pleins de bontés, & qui prouvent également le zele de Gallois de la Baume pour le ſervice de la France, & la confiance du Roy dans ſa valeur & dans ſa fidelité, *& de rechef vous mandons, requerons, & prions ſi trés-affectueuſement comme nous pouvons, & ſi cher comme vous avez, notre honneur & de notre Royaume que ces Lettres vûës vous veniez par devers nous avec ledit nombre de Gens d'Armes, & vous veillez avancer ſans nul délay, & à cette foi connoîtrons-nous la loyauté, & la vray amour que vous avez envers nous, qui y avons fermement eſperance.*

Guillaume de la Baume fils du fameux Gallois, dont on vient de parler, paſſa les premieres années de ſa jeuneſſe à la Cour de France, où il eût l'honneur d'être Conſeiller & Chambellan du Roy Philippes VI.

Après la mort d'Amé IV. Comte de Savoye, Guillaume de la Baume eſtant venu en la Cour de Savoye, ſes éminentes qualitez jointes à la nobleſſe de ſon extraction, le firent élire Tuteur de la perſonne d'Amé V. Comte de Savoye, dit le Comte Verd, & Lieutenant General & Adminiſtrateur de tous ſes Etats, à l'excluſion du Comte de Geneve.

Guillaume de la Baume s'étoit acquis la réputation du plus prudent & du meilleur politique des Etats de Savoye, & l'un des plus sages Chevaliers de toutes les Gaules; ce sont les glorieux éloges que tous les Historiens lui donnent, & de s'être acquitté de la Tutelle & de l'éducation d'Amé V. Comte de Savoye, avec tant de succez, qu'A-mé V. a esté l'un des plus grands Princes de la Maison Royale de Savoye.

Pendant l'enfance de ce Prince, Guillaume de la Baume comme un sage politique, maintint ses Etats dans une profonde paix, & augmenta ses finances.

Les Villes de Quiers, Merles, & Cony, qui sont les premieres conquêtes de la Maison de Savoye en Piedmont, sout des monumens de la prudence & de la valeur de Guillaume de la Baume, sous la conduite duquel Amé V. conquit le pays de Gex, défit les Dauphinois, dans les plaines de Dolomieu & des arbres; réünit la Baronie de Vaud à la Couronne de Savoye, ce sont les premiers Exploits de ce Prince, qui non content d'avoir vaincu le Marquis de Saluces, rangé celui de Montferat, & les Vis-comti Seigneur de Milan à leur devoir, assista de ses forces le Duc d'Anjou contre les Anglois, porta ses Armes victorieuses jusques dans le centre de l'Empire de Cons-tantinople, où il délivra l'Empereur Jean des prisons du Roy de Bulgarie, & chassa les Turcs de la Grece, où il mena une Armée florissante sous la conduite d'Etienne, bâtard de la Baume Amiral, & Maréchal de Savoye.

Ce ne fut pas seulement dans l'éducation d'Amé V. dans l'administration de ses Etats pendant la minorité; & dans la conduite des Armées que Guillaume de la Bau-me se signala, il fut encore honoré de plusieurs Ambassades & negociations, également glorieuses & importantes, dont une des principales fut le Traité de l'an 1354. fait entre le Roy Jean, Charles fils aîné de France, Dauphin, son fils, & Amé V. Com-te de Savoye, par lequel Traité, pour entretenir la paix entre ces Princes & leurs Su-jets; on regla les limites du Dauphiné & des Etats de Savoye, on fit differents échan-ges, & on conclut le mariage d'Amé V. Comte de Savoye, avec Bonne de Bourbon que Guillaume de la Baume, en qualité d'Ambassadeur & de Procureur d'Amé V. épousa en l'Hôtel de saint Pol, à Paris.

Les Etats de Savoye ne furent pas le seul theatre où Guillaume de la Baume acquit tant de gloire; il eut l'honneur de servir la France avec beaucoup de valeur & de fi-delité dans les Guerres de Flandres, de Bretagne & de Gascogne; c'est pour le recom-penser de ses services, que Jean fils de France Duc de Normandie, & depuis Roy de France, lui fit plusieurs dons & concessions, par Lettres Patentes du 18 Aoust 1346. qui furent confirmées par le Roy Philippes VI. pere du Duc Jean. Par autres Lettres Patentes du premier Novembre de la même année 1346. les deux Rois ont toûjours honoré de leur bienveillance & de leur faveur Guillaume de la Baume, l'illustre Gal-lois son pere, & toute la maison de la Baume.

On passera ici sous silence tous les Chevaliers des Ordres les plus anciens & les plus respectables, comme du Porc Epic, de S. Michel, de l'Annonciade, de la Toison d'Or, du Saint Esprit, & autres Ordres, les Generaux d'Armées, les Gouverneurs des Provinces, les Cardinaux, les Archevêques, Evêques & autres Prélats, que la Mai-son de la Baume Mont-Revel a produit.

Concessions & inféodations faites à Guillaume de la Baume.

La premiere est du premier Aoust 1355.

Amé V. Comte de Savoye, pour donner à Guillaume de la Baume des marques de sa reconnoissance des services infinis qu'il lui avoit rendu, lui donna à titre de dona-tion entre-vifs & irrevocable pour lui & ses successeurs à perpetuité, la Châtellenie & Mandement de Foissia, située en Bresse, avec toutes ses appartenances & dépendan-ces en fief noble, lige ancien & paternel, avec la haute, moyenne & basse Justice.

Cette concession est si universelle, qu'Amé V. ne se reserve uniquement que la souveraineté & l'hommage, *sub fidelitate & hommagio*; Ce Prince declare qu'il cede & transporte à Guillaume de la Baume & aux siens à perpetuité la Châtellenie, Man-dement & Seigneurie de Foissia, avec tous les droits, actions, usage, possession & pro-prieté; que lui & ses predecesseurs Comtes de Savoye avoient eû & pû avoir à quelque titre que ce pût être, ce Prince cede & transporte tous les Bois tant de haute futaye que Taillis, les Maisons, Edifices, Etangs, Rivieres, droits de Pêche & de Chasse, Mou-lins, Prez, Terres, Chemins publics & particuliers, & ce qui est ici important à remarquer

marquer, parce que c'eſt le point deciſif, eſt que le Souverain declare qu'il accorde, & tranſmet à Guillaume de la Baume & aux ſiens à perpetuité, tous droits de Juriſdiction ſur tous les hommes de ladite Terre, tant de l'un que de l'autre ſexe, nez & à naître, nobles & non nobles, *nobilibus ac non nobilibus*, libres, taillables, cenſitaires, feudataires, emphiteotes, tous droits de fiefs, arrierefiefs, hommages, fidelités, *hommagiis fidelitatibus*, ſervis, cens, revenus, corvées, honneurs, obéïſſances, reſpects, & ſujettions, droits de lods & ventes échûtes; & le Prince ajoûte une ſeconde fois, avec toute ſorte de Juriſdiction, *Dominio mero & mixto imperio, ac omnimoda Juriſdictione*, dont il ſe déſaiſit au profit de Guillaume de la Baume, & de ſes ſucceſſeurs à perpetuité, & generalement de tous autres droits, à quelque titre que ce fut, & qu'ils puſſent être preſumez & entendus ſans aucune reſerve, quelle qu'elle pût être, excepté le droit de Souveraineté, la fidelité & l'hommage, *exceptis ſuperioritate, & feudo, fidelitate, hommagioque ſupradictis.*

Si ce titre eſt glorieux & reſpectable par la nature, la qualité & l'étenduë de la conceſſion faite à Guillaume de la Baume; il l'eſt bien davantage par les motifs qui ont porté ce Souverain à faire une pareille conceſſion; c'eſt pour recompenſe des ſervices rendus à la propre perſonne & aux Etats du Souverain, qui en fait lui-même l'éloge & la deſcription : *Hinc eſt quod cum dilectus, & commendandus ipſius Domini Comitis fideliſque, & Conſiliarius Dominus Guillelmus de Balma, miles Dominus Albergamenti, pacis Guerrarum diverſarum & bellicis temporibus continuò, & inceſſanter, circa Domini, Comitis conſervationem, proventionem & obtentionem jurium, & ipſius ſtatus, & honoris augmentum famoſis & commendandis conſiliis, & ſtrenuitate facto & opere, armorum fama, & veris honorabilibus & utilibus teſtantibus operibus, dicto Domini Comiti, in immenſum ſervivit, corda, curis, diligentiis, vigiliis, & continuis laboribus* : Ces ſortes de Conceſſions ſont de leur nature irrevocables & invariables.

Les infeodations des Seigneuries d'Eſnes, & Aſnieres ſont toutes les deux du même jour 14. May 1356.

Amé V. Comte de Savoye, infeoda ces deux Seigneuries, & les hommes en dépendans en toute Juſtice, haute moyenne & baſſe, à Guy de Chevriers en 1339. mais Guy de Chevriers ſon fils, ayant quelques années après, remis à prix d'argent, ces deux Seigneuries au même Prince, il déclara par ſes Lettres Patentes dudit jour 14. May 1356. que l'acquiſition avoit eſté faite pour Guillaume de la Baume & de ſes propres deniers, en conſequence de quoy le Comte de Savoye, s'en departit en faveur dudit Guillaume de la Baume, & luy fit don & aux ſiens à perpetuité, de tous les droits qu'il pouvoit avoir dans ces deux Seigneuries, qui ſont partie du Comté de Mont-Revel.

La derniere conceſſion faite par Amé V. Comte de Savoye, eſt du 4. Juillet 1359.

C'eſt l'infeodation de la Baronie, Terre & Seigneurie de Marboz & ſes dépendances.

Par cette infeodation, Amé V. Comte de Savoye, ne ſe reſerve uniquement que la Souveraineté, & l'homage, elle renferme deux parties.

Par la premiere, le Comte de Savoye, cede & remet à Guillaume de la Baume & à ſes Succeſſeurs à perpetuité, ſon Chateau de Marboz avec tous ſes édifices, le Bourg dudit Marboz, ſon territoire, Chatellenie & Mandement, les Bois tant de haute futaye que autres, les Etangs, Moulins, droits de Pêche, droits de Chaſſe, les Prez, Vignes, Terres cultes & incultes, hommages, fidelitez, Fiefs emphiteozes, nobles, non-nobles, taillables, liges, tous les cens, ſervis, tailles, & generalement tous les autres droits, qui appartenoient au Comte de Savoye, à quelque titre & pour quelque cauſe que ce pût être, envers toutes ſortes de perſonnes.

Par la ſeconde partie, le Comte de Savoye en cedant la Juſtice, haute, moyenne & baſſe, & toute la Juriſdiction qui lui appartenoit, accorde deux degrès de Juriſdiction, Juge ordinaire, & Juge d'apel.

Ce Prince tranſmet à Guillaume de la Baume, & à ſes Succeſſeurs à perpetuité, tous droits de Juſtice & de Juriſdiction ſur toutes les perſonnes de ladite Terre, ſans reſerve ni diſtinction, nobles, non nobles, *nobilibus, in nobilibus*, taillables, liges la connoiſſance, & la déciſion de toutes cauſes & conteſtations, tant civiles que criminelles, toutes actions perſonnelles, réelles & mixtes, civiles, pretoriennes, utiles, directes, & generalement tous les droits & actions envers quelques perſonnes que ce pût être, *adverſus quas cumquæ perſonas*, qui appartenoient & pouvoit appartenir au Prince, à quelque titre, & pour quelque cauſe que ce fût, & le Prince ajoute une ſeconde fois, avec toutes ſortes de juriſdictions, *juriſdictione omnimoda, cum exercitio meri & mixti imperii*, telle qu'elle appartenoit au Prince, avant la preſente infeodation, par laquelle, il ne ſe reſerve que la ſouveraineté, la fidelité, & l'hommage, de la part de Guillaume de la Baume, & de ſes deſcendans à perpetuité.

On croit inutile de raporter icy les infeodations des autres Baronies, Terres, & Seigneuries, qui dépendent du Comté de Mont-Revel.

Erection du Comté de Mont-Revel.

Au commencement du ſiecle 1400. c'eſt-à-dire, environ l'an 1417. le Comté de Savoye ayant eſté érigé en Duché par l'Empereur Sigiſmond.

Amédé premier, Duc de Savoye, érigea la Baronie de Mont-Revel, en Comté, & dignité de Comté, *in Comitatum imperialem*, avec la conceſſion du ſecond degré de juriſdiction, pour montrer la qualité & la dignité de la Terre, en faveur de Jean de la Baume, Maréchal de France, Gouverneur de Paris, qu'il fait l'honneur d'apeler, & de reconnoître pour ſon proche parent, *conſanguineu*.

Ce Prince déclare, que c'eſt en reconnoiſſance des grands ſervices que Meſſire Jean de la Baume luy avoit rendu, & que ſes illuſtes Ancêtres avoient de même rendus à la Maiſon Royale de Savoye.

Cette érection fut faite au Chateau de Pignerolles, le 26. Décembre 1417. dans une aſſemblée ſolemnelle, que le Duc de Savoye convoqua à cet effet, compoſée du Prince de Piedmont ſon fils, du Marquis de Saluces, de toute la Cour & du Conſeil du Duc de Savoye.

La Baronie de Mont Revel eſt érigée en Comté, avec ſes appartenances & membres en dépendans, & notamment les Chateaux, Bourgs, & Mandemens des Baronies, & Seigneuries de Marboz, Bon-Repos, l'Abergement, Montribloud, Saint Eſtienne Dubois, Foiſſiat, Eſnes, & Aſnieres, & autres Terres du Domaine de Meſſire Jean de la Baume, dans la Breſſe, le Revermont, les Dombes, & la Vallebonne.

Le Duc Amédé, accorde deux degrez de Juriſdiction, Juge ordinaire, & Juges d'appel, tout ainſi que Meſſire Jean de la Baume & ſes Predeceſſeurs les avoient auparavant, dans les Baronies, Chatellenies, & Mandemens de Marboz, Foiſſiat, Montribloud, & l'Abergement, leſquelles Seigneuries & Juſtices, ayant eſté réünies & incorporées au Comté de Mont-Revel, elles ont ceſſé depuis ce temps-là, d'avoir des Juges ordinaires, & d'apel particuliers, parce que depuis l'érection du Comté de Mont-Revel, & la réünion de toutes les Seigneuries & Juſtices dans un ſeul corps, il n'y a plus eû qu'un Juge ordinaire, & un Juge d'apel pour toute la Comté, dont la Juſtice ordinaire & d'apel, s'eſt toûjours exercée & s'exerce actuellement dans la Ville de Mont-Revel, qui eſt le chef lieu ; ce qui aura dans la ſuite une application trés-conſiderable.

Enfin par l'érection du Comté de Mont-Revel le Duc Amédé ne ſe reſerve uniquement que la Souveraineté, l'hommage & le dernier reſſort, ce qui aura encore dans la ſuite une application infiniment conſiderable.

Après la mort de Meſſire Jean de la Baume Maréchal de France, Gouverneur de Paris, Meſſire Claude de la Baume ſon petit fils Comte de Mont-Revel & Gouverneur des deux Bourgognes, * & ſes Succeſſeurs audit Comté de Mont-Revel, ont paiſiblement joüi de tous les droits de Juſtice accordés au Comté de Mont-Revel & aux Seigneuries, qui en dépendent par les Comtes & Ducs de Savoye, tels quils viennent d'eſtre expliqués.

François I. ayant en l'année 1535. conquis toute la Savoye, Jean de la Baume quatriéme du nom, Comte de Mont-Revel & Vicomte de Ligny Chevalier de l'Ordre du Roy, fut établi Gouverneur & Lieutenant General pour Sa Majeſté en Savoye, Breſſe, Bugey, & Valromey, par Lettres Patentes dattées à Fontainebleau du premier Decembre 1540. il avoit d'abord eſté delegué par ordre du Roy, par l'Amiral Chabot pour recevoir & faire prêter au nom du Roy le ſerment de fidelité de tous les Eccleſiaſtiques, Gentilhommes, & gens du tiers état avec pouvoir d'y commander en l'abſence de l'Amiral, de mettre ordre à la Juſtice, & à la ſeureté des Places, dont il s'acquitta ſi dignement, que le Roy l'établit enſuite Gouverneur, & ſon Lieutenant General dans leſdites Provinces comme on vient de le dire.

François I. ayant par un Edit particulier ſur le fait de la Police de la Juſtice de Breſſe ſupprimé les Juges d'appel, & ordonné que les appellations des Sentences renduës par les Baillifs & Juges ordinaires reſſortiroient nuement en ſa Cour de Parlement ſeant à Chambery.

Jean de la Baume Comte de Mont-Revel ſe pourvût à Sa Majeſté pour la ſupplier très-humblement de le maintenir, & garder dans les droits & Privileges dont lui & ſes Predeceſſeurs avoient toûjours joüi en vertu de leurs Titres, d'ordonner, & établir tant audit Comté de Mont-Revel qu'autres Terres pour l'exercice de la Juſtice des Baillifs, & Juges ordinaires connoiſſant des Procès en premiere Inſtance, dont les appels reſſortiſſoient pardevant les Juges d'appel, qui étoient ſemblablement par eux établis, & delà au Conſeil des Ducs de Savoye étant en dernier reſſort.

Sa Majeſté eut la bonté d'accorder audit Jean de la Baume des Lettres Patentes dattées à Vendôme du 27. Mars 1540. dont il eſt bon de rapporter ici le diſpoſitif: *Pour ce eſt il que nous deſirant bien & favorablement traitter noſtredit Couſin le Comte de Mont-Revel en faveur des bons, agreables, & recommandables ſervices qu'il nous a par cy-devant fait au fait de nos guerres, fait & continuë par chacun jour audit Etat de Gouverneur avons de noſtre grace ſpeciale, pleine puiſſance & autorité Royale, dit, déclaré & ordonné, diſons declarons & ordonnons, voulons & nous plait, que dorefnavant nôtredit Couſin puiſſe ordonner, & établir Juges d'appel, tant en ſondit Comté que ès Terres & places qu'il à eſdits Pays de Savoye, Breſſe, Bugey & Valromey, & lieux où ils avoient accoûtumé d'en avoir auparavant leſdites ſuppreſſion, pardevant leſquels Juges reſſortiront les appels des Baillifs, & Juges ordinaires établis par nôtredit Couſin, tant ainſi qu'ils faiſoient auparavant icelle ſuppreſſion faite deſdites Offices par nos dernieres Ordonnances, & que les appellations qui ſeront interjettées d'iceux, tant en matiere Civile que Criminelle reſſortiſſent dorefnavant pardevant vous Gens tenans Nôtredite Cour de Parlement à Chambery.*

Après la mort de François I. Jean de la Baume obtint de Henry II. d'autres Lettres Patentes portant confirmation des precedentes.

Philibert Emanuel Duc de Savoye ayant recouvert ſes Eſtats par la paix de 1559. la Police, & l'exercice de la Juſtice continuerent comme elles avoient accoûtumé ſous la domination des precedens Ducs de Savoye; enſorte que les Seigneurs qui par la ſuppreſſion faite par ledit François I. des Juges d'appel avoient eſté privez pendant près de 19. ans du droit qu'il avoient d'établir des Juges d'appel dans leurs Terres, (ce qui s'entend des Terres de marques & de dignitez) rentrerent dans leurs anciens droits, & rétablirent leurs Juges d'appel dont ils ont toûjours joüi, & jouiſſent actuellement.

Charles-Emmanuel Duc de Savoye par Lettres Patentes du 10. Aouſt 1582 érigea en Marquiſat la Terre & Seigneurie de Saint Martin le Chaſtel ſituée en Breſſe en faveur de ſa bien amée Couſine Dame Françoiſe de la Baume Veuve de Meſſire François de la Baume Chevalier Comte de Mont-Revel, Gouverneur de Savoye & des Provinces de Breſſe, Bugey & Valromey.

Par cette érection le Prince ne ſe reſerve uniquement que la Souveraineté & le dernier Reſſort: voicy comme il s'explique.

A la charge toutefois que les ſiens, & ſes Succeſſeurs quelconques ſeront tenus nous en prêter foi & hommage, lige, avec le dernier reſſort, lequel nous avons retenu & retenons par exprès à nôtre Senat de Savoye. Ce qui établit le Reſſort immediat au Parlement de Dijon, pour les cas non Préſidiaux.

Il faut obſerver icy, au ſujet de l'érection du Marquiſat de Saint Martin, que cette Terre eſt une des plus ſanciennes Châtellenies de la Province, dont les Comtes & Ducs de Savoye ont été les premiers Seigneurs.

Cette Seigneurie a paſſé des Ducs de Savoye, en la Maiſon de la Baume Mont-Revel, à titre d'échange.

Loüis Duc de Savoye deſirant avoir la totalité de la Ville, Château, Bourg, Châtellenie & Mandement de Gordans, dont il n'avoit que les deux cinquiémes, remit à Claude de la Baume, Comte de Mont-Revel, Fils de Jean de la Baume, & de Jeanne de Challon Comteſſe de Tonnerre, & d'Auxerre, en partie la Seigneurie de Saint Martin le Châtel, avec ſes Hommages, Arrieres-fiefs, Juſtice, haute, moyenne, & baſſe, autres appartenances , généralement quelconques , pour les trois autres cinquiémes qu'edit Claude de la Baume Comte de Mont-Revel , avoit dans ladite Ville , Territoire & Seigneurie de Gordans.

Cet échange fut fait à Saint Porsain le 16. Novembre 1455. & ce qui est encore icy de la derniere importance à observer , est que le Prince transmet sa Jurisdiction à Claude de la Baume & à ses Successeurs à perpetuité sur tous les hommes nobles & non nobles de ladite Seigneurie de Saint Martin , avec concession du second degré de Jurisdiction , de tous droits , honneurs , prerogatives , & generalement de tous les droits dont les Comtes & Ducs de Savoye joüissoient , & avoient droit de joüir pendant qu'ils étoient Seigneurs de ladite Terre de Saint Martin.

Le Prince ne se reserve que le droit de Souveraineté , l'hommage & le dernier ressort , ce qui trouvera dans la suite une application infinie.

La Bresse & le Bugey ayant esté réünis à la Couronne , par le traité de Paix conclu à Lyon le 17. Janvier 1601 les Seigneurs ont esté confirmés & maintenus dans tous leurs droits de Justice par un Edit solemnel du 16. Novembre 1701. par lequel le Roi Henry le Grand declare , qu'il veut & entend ne rien diminuer des droits , prerogatives , pouvoirs , & autorités attribués aux Comtés , Marquisats , & autres Terres , de dignités de la Province ; Mais Sa Majesté veut & ordonne que leurs droits de Justice demeurent entiers libres & paisibles , notamment pour les degrés de Jurisdiction , tant de premiere instance , que d'appel , avec pouvoir & faculté de connoître de toutes , telles , & semblables causes , affaires , & matieres qui leur ont esté concedées. Enfin par cet Edit Sa Majesté regle le ressort ; sçavoir , pour les cas presidiaux au Presidial , & pour les cas non presidiaux au Parlement de Dijon.

Cet Edit suffit seul pour imposer silence au Presidial , & pour faire reprimer ses entreprises.

Enfin , Ferdinand de la Baume , Comte de Mont-Revel , Chevalier de l'Ordre du Saint Esprit , Maréchal des Camps & Armées de Sa Majesté , & son Lieutenant Géneral dans ses Provinces de Bresse , Bugey , Gex, Valromey , & Comté de Charrollois , obtint du Feu Roi Loüis XIV. au mois d'Avril 1654. des Lettres patentes , portant confirmation de tous les Privileges , & Droits de Justice accordés au Comté de Mont-Revel , Marquisat de Saint Martin , & aux Terres & Seigneuries endependantes pour joüir par ledit Me. Ferdinand de la Baume de tous les Droits & Privileges , ainsi & en la même forme qu'en avoient bien & düement joüi ses Prédecesseurs.

En cet état on se flatte avec une parfaite confiance , d'avoir invinciblement établi , par des Titres authentiques & respectables , tous les Droits de Jurisdictions , Dignités , privileges , prééminences , & prérogatives dans lesquelles M. le Comte de Mont-Revel , & M. le Marquis de Saint Martin demandent , qu'il plaise à Sa Majesté les maintenir & garder contre les attentats , & les entreprises odieuses du Presidial.

1°. Par rapport au second degré de Jurisdiction , il est nommément accordé par les Infeodations de la Baronnie de Marboz , & de celle de Foissiat de 1355. & 1359. & par l'érection solemnelle du Comté de Mont-Revel , du 26. Décembre 1427. le Presidial reconnoît ces concessions.

Ce second degré de Jurisdiction est pareillement accordé par l'échange , & la remise faite en 1455. par Loüis Duc de Savoye , de la Terre & Seigneurie de Saint Martin à Claude de la Baume , Comte de Mont-Revel , en la place des trois cinquiémes , qu'il avoit dans les Villes , Château , Bourg , Châtellenie , & Mandement de Gordans , & par l'érection de la Terre de Saint Martin en Marquisat.

Ce Droit se trouve encore soûtenu d'une possession publique & paisible de quatre cens ans.

2°. Par rapport au Ressort immediat au Parlement de Dijon , ce Droit est encore nommément accordé par les infeodations des Baronies de Marboz , & de Foissiat , & par les érections du Comté de Mont-Revel , & du Marquisat de Saint Martin , par lesquelles lesdits Comtes & Ducs de Savoye ne se sont uniquement reservé que la Souveraineté , l'hommage , & le dernier ressort.

3°. Par rapport à la connoissance des causes des Nobles , ce droit est aussi nommément attribué par les infeodations des Baronies de Marboz & de Foissiat , par l'érection du Comté de Mont-Revel , & par celle du Marquisat de Saint Martin , & par l'échange fait de ladite Seigneurie , au lieu & place des trois cinquiémes que la Maison de la
Baume

Baume avoit dans les Ville , Châtellenie , & Mandement de Gordans.

Les Comtes & Ducs de Savoye , ont tranfmis à la Maifon de la Baume à perpétuité , toute la Jurifdiction qu'ils avoient fur tous les hommes defdites Terres & Seigneuries , fans aucune referve ni diftinction , nobles , non-nobles , *nobilibus , non-nobilibus* , libres , taillables , tous les Fiefs , hommages & fidelitez , tant des nobles & autres , *feudis retrofeudis , hommagii fidelitatibus hominibus que omnibus , & fingulis utriufque fexus liberis , taillabilibus , cenfitis , feudatariis , emphiteotis.*

Enfin par rapport à la connoiffance des autres affaires & matieres , comme des actions procedantes des Contrats paffez pardevant les Notaires Royaux , des matieres poffeffoires , prophanes , & des difcutions generales : la connoiffance de toutes ces caufes & matieres , eft de même nommement attribuée par les infeodations cy-deffus rapportées , par lefquelles les Comtes & Ducs de Savoye , en cedant la Juftice haute moyenne & baffe , & toute Jurifdiction , *Jurifdictionem omnimodam cum exercitio meri & mixti imperii* , accordent expreffement & indeffiniment la connoiffance de toutes caufes & conteftations , tant civiles que criminelles , de toutes actions perfonnelles , réelles & mixtes , civiles , pretoriennes , utiles & directes , & generalement tous droits & actions pour quelque caufe que ce fût , & envers toutes fortes de perfonnes , *adverfus quas cumque perfonas* , & le Souverain pour mieux marquer qu'il ne faifoit aucune referve d'aucuns droits , d'aucunes actions , ni d'aucunes matieres , de quelque nature qu'elle pût être , déclare qu'il tranfmet à la Maifon de la Baume à perpétuité , tous les droits & actions qui apartenoient à la Maifon de Savoye , de quelque nature qu'ils puffent être prefumez , nommez , & entendus , fans autre referve que la Souveraineté , & l'hommage , *quoqumque modo titulo , at que caufa ad prefens , vel in futurum cenfeantur intelligi & nominari poffint fine retentione aliqua exeptis fuperioritate , fidelitate , & hommagio.*

C'eft une maxime generale du Royaume , que les conceffions de Fiefs & de Juftices faites par les Souverains , font abfolument irrevocables , & qu'il n'eft pas poffible de donner la moindre atteinte à ces conceffions , ni de priver les Seigneurs Jufticiers d'aucuns des droits à eux accordez , & qui font nommement portez dans les Titres de conceffions & d'inveftitures de leurs Fiefs & Seigneuries , parce que en France , les Fiefs & les Jurifdictions des Seigneurs , font patrimoniales , & hereditaires; Enforte que le Roy n'en pourroit pas dépoüiller les Seigneurs , ainfi que l'on le démontrera.

Dans l'efpece prefente , les infeodations & conceffions faites à la Maifon de la Baume Mont-Revel , font d'autant plus inviolables , & d'autant plus refpectables , qu'elles tirent leur fource des fervices infinis , que cette illuftre Maifon a rendu à fes Souverains , & l'on fçait la faveur que merite les conceffions caufées pour recompenfes des fervices.

Les Empereurs Valentinien , Theodofe & Arcade , dans la Loy 5. au Code *de Diverfis Refcriptis principium* , declarent que c'eft une efpece de Sacrilege , de s'oppofer , de traverfer , & d'empêcher l'execution des graces , des bien-faits , & des dignitez qu'il plait aux Princes , d'accorder à leurs Sujets , *Sacrilegii inftar eft , Divinis obviare Beneficiis* , c'eft ce que dit auffi l'Empereur Juftinien dans la Novelle 114.

Or , comment qualifiera-t'on les entreprifes continuelles , que le Prefidial de Bourg fe donne la liberté de commettre fur les Jurifdictions de M. le Comte de Mont-Revel , & M. le Marquis de Saint Martin , dont les Ancêtres ont eû l'honneur de commander pendant quatre à cinq fiecles dans la Province , & qui l'ont gouvernée avec tant de prudence , & tant de moderation.

Le Prefidial de Bourg , regarde-t'il comme des chimeres , & des illufions , les conceffions & les Titres d'honneurs , qu'il a plû aux Souverains d'accorder à la Maifon de la Baume Mont-Revel.

Il faut apprendre à cette Compagnie , que ces fortes de Titres & de conceffions , font auffi inviolables , qu'ils font refpectables , & que les entreprifes qu'elle s'efforce de commettre pour en traverfer l'execution , font de veritables attentats à l'autorité Souveraine , d'où ces conceffions font émanées , & des contraventions manifeftes au droit public du Royaume; c'eft ce que l'on va démontrer d'une maniere abfolument victorieufe.

C

SECONDE PARTIE,

Contenant la Réponse au Memoire Imprimé du Presidial.

Ce Memoire est infecté de plusieurs mensonges, on y remarque des citations infidelement raportées, & il est remply de propositions absolument erronées.

Ce Memoire contient deux parties, dont la premiere qui est la plus considerable, & qui fait la moitié entiere du Memoire, a deux objets principaux.

Le premier regarde le second degré de Jurisdiction du Comté de Mont-Revel, & du Marquisat de Saint Martin.

Et le second, regarde le ressort immediat des apellations des Sentences renduës par les Juges d'apel de ces deux Terres au Parlement de Dijon, dans tous les cas non presidiaux.

Cette premiere partie du Memoire du Presidial, n'a ni ordre ni arrangement, tous les faits y sont mêlez avec confusion, de même que les faux pretextes, sur lesquels le Presidial voudroit aujourd'huy contester le second degré de Jurisdiction des Terres de Mont-Revel, & de Saint Martin, & le ressort immediat au Parlement de Dijon.

Ainsi pour rendre les réponses que l'on va fournir plus sensibles, il faut de necessité distinguer, & rappeller séparément les Objections frivoles que le Présidial propose contre ces deux chefs.

Premiere Objection du Présidial contre le second degré de Jurisdiction du Comté de Mont-Revel, & du Marquisat de Saint Martin.

Elle consiste à dire que la Bresse a toûjours esté regie par les Loix Romaines, & que lors de la réünion de cette Province à la Couronne arrivée en l'année 1601. Henry le Grand par ses Lettres Patentes du mois de Novembre de la même année ordonna que le Droit Romain y auroit force de Loy.

2°. Que les principes de la Police du Droit écrit deffendent d'appeller dans une même cause à trois differents Juges, suivant un Titre particulier du Code Justinien ; *Ne liceat ab uná, eademque causa tertio provocare.*

3°. Qu Amedé IV. Comte de Savoye, établit en l'année 1300. le Siege de la Justice de toute la Bresse dans la Ville de Bourg, son Juge se nomma Juge-Mage de la Bresse, parce qu'il connoissoit en premiere Instance : 1°, des Causes entre les Justiciables du Domaine du Prince. 2. des Appellations des Juges des Seigneurs. 3°, des Causes des Nobles, & de tous les cas Ducaux : ensorte que le Prince regloit la Police de la Justice suivant le Droit écrit.

REPONSES.

Dans la Bresse, ainsi que dans d'autres Provinces infiniment plus considerables, on y suit les Loix Romaines quant à la décision des contestations.

Mais à l'égard de la Police, de l'Administration, & de l'exercice de la Justice, c'est une proposition absurde ; & qui choque ouvertement l'autorité souveraine de venir proposer le Droit Romain pour modele.

Dans les Provinces regies par le Droit écrit, le Droit Romain n'a pas force de Loy par l'autorité de ses Legislateurs, mais par une grace speciale, & par une concession particulieres de nos Rois, qui ont permis à ces Peuples de suivre dans la décision de leurs contestations les maximes du Droit Romain, comme une raison écrite, & même dans les Pays Coûtumiers le Droit Romain y est religieusement observé dans tous les points qui ne sont pas decidez par les Coûtumes.

Nos Rois, ainsi que les autres Souverains, ont créé des Tribunaux des Juges, & des Magistrats pour rendre la Justice à leurs Sujets, ils ont reglé la Police, & l'administration de la Justice, & fixé les differens degrez de Jurisdiction : & par consequent ce sont les Ordonnances qu'il faut consulter, & non le Droit Romain, auquel nos Rois, ni les autres Souverains ne se sont pas assujettis..

Il est fort étrange, & fort surprenant de voir des Juges Royaux recourir au Droit

Romain pour prouver que l'on ne peut pas interjetter trois appellations à trois differens Juges dans une même cause, ignorent-ils les Ordonnances ? ou s'imaginent-ils
qu'elles ne doivent avoir d'execution qu'en tant qu'elles seront conformes au Droit
Romain ?

La maxime du Droit Romain *Ne liceat tertio provocare*, pour laquelle le Présidial
paroit avoir tant de prédilection, & de respect, n'avoit lieu que lorsqu'il y avoit trois
Sentences conformes renduës par trois differens Juges ; car autrement il estoit permis
d'interjetter trois & quatre appellations ? *Et aquiescendum tribus judicum diversorum
sententiis conformibus, proquibus est presumptio.* C'est ce que nous apprennent *Zoezius,
Perezius*, Corvin, & tous les Interprettes du Droit Romain.

C'est ce que decide aussi la Loy unique au Code *Ne liceat tertio provocare*, il n'y
a qu'à en lire la rubrique qui porte, *Qui succubuit in duplici appellatione non potest
tertio appellare super iisdem articulis.* Ce qui prouve donc qu'il falloit qu'il y eût trois
Sentences uniformes renduës par trois differens Juges, & cette Loy ne decide autre
chose si ce n'est que lorsqu'il y avoit eû deux Sentences uniformes qui avoient esté confirmées par celle du Preffet du Prétoire, on ne pouvoit plus attaquer la Sentence du Preffet du Pretoire, qui estoit comme Juge souverain, *Vice enim sacra Principis judicabat.*

Mais si le Preffet du Pretoire avoit infirmé les premieres Sentences, on pouvoit se
pourvoir contre le Jugement du Preffet du Pretoire ; c'est ce que nous apprend la glosse
sur cette Loy, *si autem infirmasset primas Sententias posset ab ejus Sententia supplicari*,
ce qui formoit quatre degrez de Jurisdictions.

Or, une pareille maxime seroit absurbe, & déplorable dans nos mœurs.

La Loy cinq, au code *de precibus imperatori offerendis, & de quibus rebus suplicare
liceat, velnon* nous aprend encore mieux, que l'on pouvoit se pourvoir contre les jugemens du Preffet du Pretoire, *si quis adversus Præffectorum Pretorio Sententias duxe-
rit suplicandum, victusque deffuerit nullam habebit licentiam super eadem causa suplica-
candi.*

La Novelle 119. Chap. 5. nous apprend non-seullement, que les jugemens du Preffet du Prétoire pouvoient être retractez, mais que ces Jugemens ne pouvoient être
mis à execution, lorsqu'ils étoient attaquez, qu'en donnant une suffisante caution du
contenu dans ces Jugemens, en cas qu'ils fussent retractez : ainsi il faut retrancher du
Mémoire du Présidial le titre qu'il a cité du code : *ne liceat tertio provocare*, qui n'a
pas été entendu, car s'il en étoit question, on démontreroit que les Romains ont ad-
mis jusques à quatre & cinq degrez de Jurisdictions.

Mais ce n'est pas le Droit Romain qu'il faut consulter, ce seroit un attentat à l'autorité Souveraine de vouloir soumettre la Police, & l'exercice de la Justice aux maximes des Romains, nos Rois en permettant à certaines Provinces de suivre le Droit
Romain comme une raison écrite dans la decision des contestations qui se presentent
ton reglé l'administration de la Justice, & en cela il n'y a aucune difference à faire entre les Provinces regies par le Droit écrit, & celles regies par le Droit coustumier, dans
les unes & dans les autres, l'exercice de la Justice y est uniforme, & on n'y reconnoit
point d'autre Loy que les Ordonnances.

D'ailleurs une observation qui est à faire est qu'il s'agit ici de Fiefs, dont l'usage a
esté inconnu aux Romains, ce sont les Rois de France qui les ont introduits pour recom-
penser la valleur & la fidelité des Seigneurs & des Officiers qui les servoient dans les
Guerres.

Quant au Juge-Mage de la Bresse établi à Bourg, on démontrera qu'il n'avoit aucune Jurisdiction sur les Justices des Seigneurs qui ont des Terres de marque & de
Dignité, & qui ont les deux degrez de Jurisdiction, d'ailleurs ce Juge-Mage n'étoit
Juge que des Terres du Domaine du Prince, il n'étoit que Juge ordinaire du territoire,
& n'étoit pas Juge du Ressort.

DEUXIE'ME OBJECTION.

Le Présidial convient que l'infeodation faite en 1359. de la Baronie de Marboz en
faveur de Guillaume de la Baume contient la concession du second degré de Jurisdiction.

Il convient de même qu'Amedé septiéme du nom premier Duc de Savoye, ayant érigé le 26. Decembre 1427. la Baronie de Mont-Revel en Comté en faveur de Jean de la Baume Maréchal de France Gouverneur de Paris , il accorda deux degrez de Jurisdiction.

Le Présidial dit ensuite que les secondes appellations accordées au Comté de Mont-Revel , & à quelques autres Seigneurs formoient quatre degrez de Jurisdictions opposées au Droit écrit *non licet tertio provocare*, & que le mêmeComte Amedé premierDuc deSavoye qui avoit érigé Mont-Revel en Comté voulant rétablir les principes du Droit écrit , & soulager ses Sujets , après avoir rendu son Senat sedentaire à Chambery, fit publier le 27. Juin 1430. les Statuts qui sont encore à present observez en Bresse, en ce qui n'est pas derogé par les Ordonnances du Royaume.

Enfin le Présidial suppose temerairement contre verité que dans le Livre second Article 161. de ces Statuts, le Duc de Savoye supprime tous les deux degrez de Jurisdiction , dont joüissoient les Seigneurs hauts Justiciers de Bresse , & nommement ceux de Marboz & de Coligny *de Marbozii , Coloniaci , & omnium aliarum terrarum , à quibus & eorum judicibus recurri debet vel solet ad judicem nostrum ordinarium Bressiæ ,* en execution desquels Statuts tous les deux degrez de Jurisdiction des hauts Justiciers de Bresse furent reduits au Droit écrit *non licet tertio provocare.*

RÉPONSES.

Avant l'érection de la Baronie de Mont-Revel en Comté il y avoit des Juges ordinaires , & d'appel dans les Terres & Baronies de Marboz , Foissiat , Montribloud , & Labergement.

Mais au moyen de l'érection de la Baronie de Mont-Revel en Comté , ces quatres Terres , ainsi que celles de Bon-Repos , Esnes , Asnieres , Saint Etienne Dubois , Saint Etienne sur Beyssoize , & autres Seigneuries , ayant esté réünies , annexées & incorporées au Comté de Mont-Revel ; la Justice de toutes ces Terres s'est exercée , comme elle s'exerce aujourd'hui dans la ville de Mont-Revel , qui est le chef lieu , & il n'y a plus eü depuis ce tems-là qu'un Juge ordinaire , & un Juge d'appel pour le Comté de Mont-Revel & toutes les Baronies, Terres & Seigneuries qui en dépendent.

Ainsi les deux degrez de Jurisdiction dont les Comtes de Mont-Revel ont toûjours joüi & joüissent ont esté accordez par differents Princes & par differentes infeodations : Sçavoir par Amé V. Comte de Savoye à Guillaume de la Baume qui avoit esté son Tuteur , & qui estoit lors son principal Ministre , & par Amedé premier Duc de Savoye à Messire Jean de la Baume Maréchal de France Gouverneur de Paris, qu'il fait l'honneur d'appeller son proche parent , *Consanguineus.*

Pour en revenir à l'objection du Présidial , il n'est pas vray ; en premier lieu , de dire, que les deux degrez de Jurisdictions accordées au Comté de Mont-Revel formoient quatre Degrez de Jurisdictions , parce que comme la preuve en est écrite dans les titres, & ainsi que l'on le demontrera les Appellations des Sentences renduës par les Juges d'apel , avant l'établissement du Senat à Chambery étoient jugées en dernier ressort , par des Juges du Conseil des Comtes & Ducs de Savoye,qu'ils députoient à cet effet ; & depuis l'établissement du Senat à Chambery, ces sortes d'Appellations se relevoient au Senat. Le Juge Mage ou le Juge ordinaire qui étoit établi à Bourg , n'a jamais connu de ces sortes d'Appellations , & n'a jamais eu aucune Jurisdiction sur les Juges des Terres, de marque & de dignitez qui avoient les deux degrez de Jurisdiction.

En second lieu , il est indecent à des Juges Royaux de vouloir soumettre la Police de la Justice aux maximes du Droit Romain , cela choque l'autorité souveraine, outre que la prétenduë Maxime favorite du Presidial , *ne liceat tertio provocare ,* seroit absurde & déplorable dans nos mœurs , puisque comme on l'a démontré , pour que cette Maxime eût lieu , il falloit qu'il y eût trois Sentences conformes , sinon il estoit permis d'interjetter trois , & quatre Appellations.

En troisiéme lieu , c'est une supposition trés-insigne de dire , que par l Article 161. des Status qu'Amedé , I. Duc de Savoye , fit publier le 17 Juin 1430. Ce Prince supprima le second degré de Jurisdiction , dont joüissoient les Seigneurs hauts Justiciers de Bresse , & nommément de Marboz & de Coligny.

Voici ce que porte cet article 161.

Le

Le Prince par une difpofition generale, declare qu'il fupprime les Tribunaux des Juges d'appel dans certaines Provinces, ou Baronies de fon Domaine. *Statuimus hoc edicto, quod deinceps fublatis, Tribunalibus feu curiis judicum appellationum in certis Provinciis, feu Baroniis noftris*, & qu'il fupprime pareillement le Tribunal du Juge General des appellations qui étoit à Chambery, *nec non Judicis generalis appellationum totius patriæ in Chamberiaco hactenus exiftentium*; & ce Prince dit enfuite, qu'il veut que les appellations de fes Juges ordinaires foient devoluës à fon Confeil à Chambery, auquel il en attribuë la connoiffance, & où il veut que les appellatione foient relevées immediatement, *ad Concilium noftrum Chamberiaci refidens hoc edicto, hujufmodi caufarum appellationum audientiam, & definitionem, ultra alias caufas eidem incumbentes generaliter committimus*: le Prince adjoûte enfuite qu'il caffe & revoque tous les Sieges, & Tribunaux d'appellations, qui avoient efté établis jufqu'alors.

Mais le Prince fait deux exceptions, dont la derniere confond le Prefidial d'infidelité & de menfonge.

Par la premiere, le Prince declare qu'il ne fupprime point les Tribunaux des Juges d'Appel de fes Provinces d'Italie & de Piedmont, & qu'il veut au contraire que ces Tribunaux fubfiftent, *Exceptis curiis Judicum appellationum patriarum noftrarum, Italiæ, Pedemontium*.

La feconde exception eft en faveur des Seigneurs Hauts-Jufticiers, tant Ecclefiaftiques que Laïques, qui ont toute Jurifdiction *Jurifdictionem omnimodam*, & le fecond degré de Jurifdiction Juges d'Appel; aux droits, & Jurifdictions defquels Seigneurs Hauts-Jufticiers, le Prince declare qu'il n'entend point, & n'a point entendu deroger en façon quelconque, ni donner la moindre atteinte par fon Edit, ni fupprimer leurs Juges d'Appel, *Exceptis etiam curiis Judicum appellationum Baronum banneretorum & aliorum tam Ecclefiafticorum, quam Laïcorum, Jurifdictionem omnimodam & Judices appellationum habentium, quorum Jurifdictionibus, & juribus in aliquo derogare per hoc edictum, noftrum non intendimus, nec volumus.*

· Ainfi bien loin que le Duc Amedé par l'article 161. de fes Statuts, eût fupprimé, comme le Prefidial l'avance fauffement, le fecond degré de Jurifdiction accordé au Comté de Mont-Revel, & aux autres Seigneurs Hauts-Jufticiers; il a au contraire de nouveau autorifé, & confirmé ces deux degrez de Jurifdiction.

Il ne feroit pas poffible de croire, ni de prefumer, fi la preuve n'en étoit écrite dans le Memoire du Prefidial, des Juges Royaux capables d'en impofer, & de faire des citations infideles pour furprendre la religion des Magiftrats, cela eft d'un bien mauvais exemple.

Le Prefidial pour donner plus de poids à la furprife qu'il vouloit commettre, a affecté de ne rapporter que les dernieres lignes de cet article 161. pour avoir lieu de dire que le Prince avoir nommément fupprimé les Juges d'Appel de Marboz & de Colligny, ce qui eft encore faux, fauf refpect, & en voici la preuve.

Par la derniere partie de cet article, le Prince fait une troifiéme exception, par laquelle il pretend que fon Juge ordinaire de Brene a droit de fuperiorité & de reffort fur les Terres de la Maifon de Bourbon * qui font fituées en deça la Riviere de Saone, & fur les Terres de l'Eglife Cathedrale du Chapitre, & de l'Archevêque de Lyon fur les Terres de l'Evêque & de l'Eglife Cathedrale de Mâcon, & fur les Terres des Maifons de Vienne, & de Châlon, de Saint Amour, de Marboz & de Colligny. *Exceptis in fuper reffortibus & fuperioritatibus Terrarum, Borboni citra flumen Sangona Archiepifcopi, & Ecclefiæ Cathedralis Lugdunenfis & ejus Capituli Epifcopi & Ecclefiæ Matifconenfis, terrarumque dominorum Cabillone de Vienna, de fancto Amore de Marboz, & Colloniaci novi & veteris, & omnium aliarum terrarum à quibus & eorum judicibus recurri debet, vel folet, ad Judicem noftrum ordinarium Breffiæ, contra quem quidem recurfum, & refolutum per hoc noftrum Edictum nihil intendimus immutare.*

Cette derniere exception ne regarde point les Seigneurs Haut-Jufticiers de Breffe, elle regarde une ancienne pretention de la Maifon de Savoye fur les Terres ci-deffus énoncées, ce qui n'a aucun rapport aux conteftations.

Il y a donc bien de l infidelité de la part du Prefidial d'ofer avancer, comme il a fait, qu'Amedé premier Duc de Savoye, par l'article 161. des Statuts qu'il fit publier le 17. Juin 1430. avoit fupprimé le fecond degré de Jurifdiction, dont joüiffoient les Seigneurs Hauts-Jufticiers de Breffe, tandis que ce Prince par une difpofition particuliere

* Aujourd'hui fouveraineté de Dombes.

& precife, declare qu'il n'entend point par fon Edit déroger en façon quelconque aux droits, & Jurifdiction des Seigneurs Hauts-Jufticiers qui avoient toute Jurifdiction & des Juges d'Appel, *quorum Jurifdictionibus & juribus per hoc Edictum noftrum in ali-quo derogare non intendimus, nec volumus.*

Cette infidelité n'eft pas la feule qui puiffe être reprochée au Prefidial, on l'en va convaincre de beaucoup d'autres.

TROISIE'ME OBJECTION.

Le Prefidial oppofe que François Premier ayant conquis la Breffe en 1535. fupprima les Juges d'Appel par un Edit du mois de Mars 1535.

Que Jean de la Baume Comte de Mont-Revel, Lieutenant General de la Province fe pourvût au Roi, dont il obtint des Lettres Patentes le 27. Mars 1540. par lefquelles Sa Majefté ordonna qu'il joüiroit, comme il avoit fait, des deux degrez de Jurifdiction dans fes Terres, nonobftant la fuppreffion des Juges d'Appel.

Mais que ce Seigneur ne fût pas fincere, lorfqu'il expofa qu'il étoit en poffeffion confecutive & paifible par lui & fes predeceffeurs du fecond degré de Jurifdiction, puifqu'il paffoit fous filence que les Juges d'Appel des Seigneurs Hauts-Jufticiers, avoient été fupprimez par les Statuts Generaux d'Amedé, premier Duc de Savoye, de 1430. fuppreffion qui avoit eû fon effet, & qui fubfiftoit.

Enfin le Prefidial a la temerité de conclure que le fecond degré de Jurifdiction doit demeurer anéanti, ayant été fupprimé en 1430. & 1435. & les predeceffeurs Comtes de Mont-Revel n'en étant pas en poffeffion lors de la réünion de la Breffe à la Couronne.

RE'PONSES.

On vient déjà de convaincre le Prefidial d'infidelité, & on peut dire de menfonge, lorfqu'il a avancé, que par les Statuts de 1430. les Juges d'Appel des Seigneurs Hauts-Jufticiers de la Breffe avoient été fupprimez, puifqu'au contraire par l'article 161. de ces Statuts, Amedé premier Duc de Savoye, a precifément declaré qu'il n'entendoit point deroger en façon quelconque par fon Edit, ni donner la moindre atteinte aux droits & Jurifdictions des Seigneurs, tant Ecclefiaftiques que Laïques, qui avoient toute Jurifdiction, & des Juges d'Appel, *Jurifdictionem omnimodam, & judices appellationum habentium*, lefquels Juges d'appel bien loin de fupprimer, il a tout au contraire de nouveau confirmé & autorifé.

Le Prefidial n'eft pas moins infidele dans le recit qu'il fait de ce qui s'eft paffé depuis 1430.

1°. Si François Premier par un Edit de 1535. fupprima les Juges d'appel; on peut dire avec confiance qu'il ne fit publier une pareille fuppreffion, que parce qu'il n'étoit pas inftruit que le fecond degré de Jurifdiction avoit été accordé aux Juftices des Terres de dignitez par les inféodations.

2°. Cette fuppreffion momentanée ne pourroit avoir aucune application aux Juftices du Comté de Mont-Revel, & du Marquifat de Saint Martin; puifque Jean de la Baume Comte de Mont-Revel, obtint des Lettres Patentes, portant confirmation des deux degrez de Jurifdiction.

En vain le Prefidial veut-il oppofer que ces Lettres Patentes de François Premier, de même que celles d'Henry Second, ne paroiffent pas avoir été enregiftrées au Parlement, que François Premier avoit établi à Chambery, on lui repond; 1°. Que l'Edit même de 1535. ne paroît pas non plus avoir été enregiftrée. 2°. Que le Parlement qui étoit tous les jours à la veille de fa fuppreffion, parce que l'on fçavoit bien que par la paix qui fe feroit, les Etats du Duc de Savoye lui feroient rendus, ne paroît avoir fait aucuns enregiftremens qui auroient été fort inutiles après la reftitution de la Savoye. 3°. Que Jean de la Baume Comte de Mont-Revel, après la paix de 1559. par laquelle les Etats de Savoye furent rendus, a regardé l'enregiftrement de fes Lettres Patentes par le Parlement établi par François Premier à Chambery, comme une piece abfolument inutile, puifque dès l'inftant de la paix tous les Juges d'appel des autres Seigneurs Hauts-Jufticiers furent retablis: voilà la raifon pour laquelle Monfieur le Comte de Mont-Revel ne rapporte point d'enregiftrement de ces deux Lettres Patentes.

3º. On ne sçauroit s'empêcher, malgré que l'on en ait, de dire que c'est le mensonge le plus insigne qui ait jamais été imaginé, d'avoir le front d'avancer que depuis 1430. jusques en 1535. les Juges d'appel des Seigneurs hauts Justiciers ne subsistoient plus; que lors de la réünion de la Bresse a la Couronne, les predecesseurs Comtes de Mont-Revel, n'en étoient pas en possession, & qu'enfin ce second degré de Jurisdiction est anéanti.

C'est un point de fait constant, notoire & public, dans la Province que les.Seigneurs qui ont des Terres de marque & de dignitez, ont toujours depuis les inféodations de leurs Terres jusques à present, joüi paisiblement & sans aucune inquietation des deux degrez de Jurisdiction dont ils joüissent actuellement ; & on defie le Presidial de rapporter la moindre preuve, ni le moindre vestige de preuve que jamais ce second degré de Jurisdiction ait esté contesté.

1º. Il faut retrancher, comme on l'a observé, la fausse suppression articulée avoir esté faite par l'art. 161. des Statuts de 1430. puisque cet article contient une disposition précise, par laquelle le second degré de Jurisdiction est nommément conservé, confirmé & autorisé de nouveau.

2º. Depuis 1430. jusques à la réünion de la Bresse à la Couronne, on ne trouvera aucun Edit des Ducs de Savoye qui ait supprimé les Juges d'appel des Seigneurs ; tout au contraire, par toutes les inféodations qui ont esté faites depuis 1430. les Ducs de Savoye ont accordé aux Terres de marque & de dignitez les deux degrez de Jurisdiction, & par consequent preuves authentiques que pendant la domination des Ducs de Savoye, les deux degrez de Jurisdiction, ont toujours subsisté sans avoir jamais esté contestez directement ni indirectement, & preuve autentique que c'est un mensonge insigne d'articuler, que lors de la réünion de la Bresse à la Couronne, les Comtes de Mont-Revel n'étoient pas en possession de ce second degré de Jurisdiction.

3º. Par le Traité d'échange de la Bresse & du Bugey pour le Marquisat de Saluces, du mois de Janvier 1601. les Seigneurs ont esté conservez & maintenus dans tous leurs droits de Justice & Privileges.

4º. Par l'Edit solemnel du mois de Novembre 1601. donné en interprétation de l'Edit d'érection du Presidial du mois de Juillet precedent, Sa Majesté declara que par l'érection & l'établissement du Presidial à Bourg, elle n'entendoit point donner atteinte, ni diminuer les droits, prérogatives & autoritez attribuez aux Comtez, Marquisats & autres Dignitez & Seigneuries de la Province ; voici les propres termes de l'Edit qu'il est bon de rapporter. *N'entendons en ce faisant, rien diminuer des droits, prérogatives, pouvoirs & autoritez attribuez aux Marquisats, Comtez, Baronnies, Châtellenies, & autres dignitez & Seigneuries de la Province ; ains voulons, statuons, & nous plait, que leurs droits de justice leurs demeureront en entier, libres & paisibles, nottamment les degrez de leurs Jurisdictions, tant de premiere instance que a'appel.*

Cet Edit conserve encore aux Seigneurs la connoissance de toutes les affaires & matieres dont ils ont droit de connoître, par les inféodations de leurs Terres, & regle le ressort : on en parlera dans la suite.

Cet Edit a esté enregistré au Parlement de Dijon, purement & simplement le 12. Aoust 1604. & par-là est devenu une Loi publique du Royaume, qui a autorisé & confirmé les deux degrez de Jurisdictions des Comtez, Marquisats, & autres Terres de dignitez.

5º. Les propres Arrêts que le Presidial rapporte, quoiqu'ils soient presque tous intervenus sur la simple Requeste du Presidial, ont précisément maintenu les Seigneurs hauts Justiciers de Bresse dans les deux degrez de Jurisdiction ; l'Arrêt de 1615. quoique rendu par forclusion contre les Seigneurs, le Juge en termes precis, malgré les efforts que le Presidial avoit fait pour donner atteinte au second degré de Jurisdiction : car dans le vû de cet Arrêt on remarque une Requête que le Presidial presenta sous le nom du tiers-Etat, tendante à fin de suppression des Juges d'appel, & l'Arrêt du 21. Octobre 1695. quoique rendu sur la simple Requeste du Presidial de Bourg, le juge de même : car bien loin que lors de cet Arrêt, le Presidial contesta le second degré de Jurisdiction ; on voit au contraire qu'il demanda que les appellations des Sentences renduës par les Juges d'appel, ressortiroient au Bailliage dans les cas portez par les Ordonnances, & dans les cas presidiaux au Presidial ; ce que l'Arrêt juge par Provision seulement, en attendant que les Seigneurs eussent produit & representé leurs Titres,

pour donner à entendre que l'on ne donnoit aucune atteinte à tous les droits & privileges qui seroient portez par les titres d'inféodation.

Comment donc le Presidial a-t'il pû s'oublier jusques à avancer que le second degré
de Jurisdiction estoit éteint, supprimé & annéanti, tandis que par l'Edit du mois de
Novembre 1601. ce second degré de Jurisdiction a esté nommément confirmé, conservé & autorisé ; que par l'Arrêt que le Presidial a lui-même fait rendre par forclusion en 1615. les Seigneurs de Bresse, & nommément Monsieur le Comte de Mont-
Revel, dénommé dans l'Arrêt, sont maintenus dans ce second degré de Jurisdiction ;
& qu'enfin par l'Arrêt que le Presidial a surpris sur Requête le 21. Octobre 1695. il a
été ordonné que par Provision les appellations des Sentences renduës par les Juges
d'appel du Comté de Mont Revel, & autres Justices, ressortiroient dans les cas Bail-
liagers, au Bailliage, & dans les cas Presidiaux au Presidial.

Il n'est pas indifferent de relever en cet endroit, une circonstance touchant un pre-
tendu accommodement que ce Presidial dit avoir été projeté entre les Sindics de la Noblesse & les Officiers du Presidial, le 12. Mars 1617. par lequel il fut convenu dans le
premier article que les Seigneurs qui avoient des Juges d'appel, en vertu de leurs inféodations, consentoient à la suppression de ce second degré de Jurisdiction ; lequel pre-
tendu accommodement ou projet, *Petrus Granetius* a fait imprimer dans ses Ouvrages page 261.

Il faut d'abord observer que ce Pierre Granet étoit Président au Presidial de Bourg,
Lieutenant General au Bailliage, & qu'il avoit quatre ou cinq Charges dans le Bailliage & le Presidial.

C'est ce Pierre Granet qui est le premier auteur de toutes les entreprises faites sur les
Jurisdictions des Seigneurs ; c'étoit un esprit remuant qui a tout mis en usage pour augmenter sa Jurisdiction aux dépens de celles des Seigneurs, & il s'est même donné la pei-
ne de faire imprimer un volume in-quarto, dans lequel après avoir copié les anciens
Statuts du Marquisat de Saluces, le Traité de paix de Vervins, le Traité d'échange de
la Bresse pour le Marquisat de Saluces, les differents cahiers presentés au Roy Henry
IV. par les Sindics de la Noblesse, ceux de la Ville de Bourg, & ceux du Tiers-Etat,
pour la confirmation de leurs privileges, & plusieurs Edits ; il a employé le reste de son
volume à combattre les droits des Justices Seigneuriales, & il a poussé les choses à un tel
excès, qu'il ne se trouveroit à proprement parler, aucun cas, aucune affaire, ni aucune matiere dont les Juges des Seigneurs pussent connoître ; il leur dispute même la
Jurisdiction pleniere, *jurisdictionem omnimodam*, la puissance du Glaive *merum impe-
rium*, qu'il dit n'appartenir qu'au Juge Royal, qu'il qualifie de seul Juge ordinaire,
& à qui seul il dit appartenir la puissance du Glaive, comme si le Souverain qui est la
source & le principe de toute Justice & de toute Jurisdiction, n'étoit pas le maître de
conceder toute Justice ; cela choque également le bon sens & les principes les plus sa-
crés en matiere de fiefs.

Comme le sieur Granet, qui parloit dans sa propre cause, & qui se donnoit la liberté de decider en sa faveur, avançoit des propositions absolument erronées, il a évité
avec soin les raisonnemens, il s'est contenté d'avancer des propositions sans les soûtenir
d'aucune dissertation, & il a substitué à la place des citations sans nombre, la plûpart
fausses, infideles, d'autres qui sont sans application, & d'autres qui le démentent formellement, par exemple lorsqu'il a avancé que les Juges Royaux étoient seuls compe-
tens, pour connoître des Contrats passez sous le Scel Royal, il a cité Me. Baquet, &
Baquet dit tout le contraire, il donne au sieur Granet un démenti formel, cet Auteur
sera cité incessamment, il cite Masuere tit. 8. des Remissions, & Masuere n'en dit pas
un mot, il n'y a même point de titre dans Masuere, qui porte le nom de *Remissions*, le
tit. 8. est de *Renvois*, il cite encore M. Dargentré sur l'art. 2. de la Coûtume de Bretagne, & M. Dargentré n'en dit pas un seul mot ; M. Dargentré n'auroit d'ailleurs pas
eu occasion de parler en cet endroit des Contrats passez sous le Scel Royal, puisque l'article 2. de la Coûtume de Bretagne ne parle pas de cette matiere, cet article porte *que
la connoissance de la solemnité des Testamens appartient aux Juges d'Eglise*, il cite M.
Pierre Guenois sur la Conference des Ordonnances, page 1215. & l'édition de Guenois,
qui est du tems du sieur Granet en 1627. finit à la page 1114. Enfin si cela ne conduisoit
trop loin, on convaincroit le sieur Granet de presque autant d'infidelités qu'il a fait de
citations, lorsqu'il a voulu contester les droits des Justices Seigneuriales, pour augmenter

menter fon autorité & la Jurifd'iction de fon Siege au préjudice des Seigneurs.

On a crû devoir donner une legere idée des ouvrages du Sieur Granet, qui en en-treprenant fur les Juftices des Seigneurs, s'eft dans le même tems érigé en auteur, & s'eft donné la liberté de juger fa propre caufe, après quoi on laiffe au public à porter fon jugement fur un femblable ouvrage, qui contient autant d erreurs qu'il y a de pro-pofitions, ainfi qu'on le démontrera fur chacun des chefs dont le Préfidial veut ôter la connoiffance aux Juges des Seigneurs ; car en cela le Préfidial ne fait que copier le fieur Granet fon maître, à qui il doit l'honneur des entreprifes également inoüies, & odieufes faites fur les Juftices des Seigneurs de Breffe.

Pour en revenir au prétendu projet d'accommodement que le fieur Granet rapporte page 258. il eft uniquement de l'invention du fieur Granet, outre cela on demande au Préfidial lui-même, de quelle autorité les Syndics de la Nobleffe auroient pû abandon-ner un droit auffi éminent, & auffi honorifique que le fecond degré de Jurifdiction, les Seigneurs des Terres de marque & de dignités. Avoient-ils donné un pouvoir aux Syndics de la Nobleffe de faire un femblable Traitté ? Si les Seigneurs euffent don-né un pouvoir, le fecond degré de Jurifdiction feroit refté éteint depuis ce tems-là ce fut le fieur Granet qui fit ce projet d accommodement, qui le donna aux Syndics de la Nobleffe pour tâcher de le faire agréer aux Seigneurs des Terres de marque & de di-gnités, qui rejetterent un femblable accommodement, & les chofes en font reftées-là.

Le Préfidial a voulu l'année derniere 1725. imiter le fieur Granet fon maître, il propofa à M. le Comte de Mont-Revel un accommodement de la même trempe, qui étoit d'abandonner le fecond degré de Jurifdiction, & qu'il cefferoit d'entreprendre fur fes Officiers dans tous les autres chefs.

QUATRIE'ME OBJECTION.

Elle regarde uniquement le Marquifat de Saint Martin.

Le Préfidial prétend que le Marquifat de Saint Martin, ne doit être regardé que comme une fimple Seigneurie, attendu que cette Terre ne vaut que 1800 liv. de Reve-nu, & que fuivant un Edit de 1576. de Philibert Emmanuel Duc de Savoye, il fau-droit que cette Terre valût 15000 liv. de Rente, pour avoir le titre de Marquifat, & que d'ailleurs par l'érection de cette Terre en Marquifat, le Prince n'accorde point la faculté d'établir un Juge d'Appel.

REPONSES.

Le Prince par l'érection de la Terre de Saint Martin en Marquifat, a declaré qu'el-le étoit du revenu porté par fes Edits, ce qui eft plus que fuffifant pour impofer filence au Préfidial, qui auroit mauvaife grace de vouloir aujourd'huy dégrader une Terre du titre de Marquifat accordé par le Prince après 150. années de poffeffion.

Si la Terre de Saint Martin ne pouvoit pas porter le titre de Marquifat, parceque cette Terre n'eft pas de 15000 liv. de Rente, il faudroit auffi dégrader la Terre de Bagé de fon titre de Marquifat ; car cette Terre qui eft une des plus confiderables de la Bref-fe, ne vaut que 4000 liv. de Rente.

Mais le Préfidial n'a ni droit, ni interêt de contefter le titre, & la qualité des Terres, il n'y a que les droits de Juftice qui l'intereffent, & il ne s'agit icy que d'examiner fi la Juftice de Saint Martin a le fecond degré de Jurifdiction, & le Reffort immediat au Parlement pour les cas non Préfidiaux.

Or le fecond degré de Jurifdiction eft attribué à cette Terre par deux titres.

On a cy-devant obfervé que la Terre de Saint Martin appartenoit à la Maifon Royale de Savoye, qui l'a remit à Claude de la Baume, Comte de Mont-Revel Gou-verneur des deux Bourgognes en échange des trois cinquiémes, que ledit Claude de la Baume avoit dans la Ville Château, Châtellenie, & Mandement de Gordans.

L'échange qui eft du 26. Novembre 1455. porte la conceffion de la Haute, Moyen-ne & Baffe-Juftice, & du fecond degré de Jurifdiction, & generalement de tous les autres droits qui appartenoient à la Maifon de Savoye.

Le fecond degré de Jurifdiction eft encore accordé par l'érection de la Terre de Saint Martin en Marquifat, par laquelle érection le Prince ne fe referve uni-

E

quement que la Souveraineté & le dernier Reſſort au Senat de Chambery, *à la charge toutefois, que les ſiens & Succeſſeurs quelconques ſeront tenus nous en prêter foi & hommage, lige, avec le dernier Reſſort, lequel nous avons retenu & retenons par exprés à nôtre Senat de Savoye*, ce qui ne laiſſe aucun doute ſur le dernier Reſſort.

CINQUIE'ME OBJECTION.

Elle eſt infiniment importante, puiſqu'il s'agit de ſçavoir où ſe releveront les Appellations des Sentences renduës par les Juges d'appel du Comté de Mont-Revel, & du Marquiſat de Saint Martin.

Le Préſidial ſuppoſe que par l'érection du Comté de Mont-Revel Amedé premier Duc de Savoye en accordant les deux degrez de Juriſdiction, & en ſe reſervant le droit de reſſort a voulu que les appellations du Juge d'appel qu'il attribue au Comté de Mont-Revel ſe porteroient pardevant ſon Juge-Mage établi à Bourg.

Cette ſuppoſition eſt fondée ſur une fauſſe interprétation que le Préſidial fait de la reſerve que le Prince fait de la Souveraineté & du dernier reſſort, laquelle reſerve eſt conçuë en ces termes : *Ita tamen quod appellationes ab ipſo judice appellationum emittendæ, ad judicem noſtrum appellationum Breſſiæ, vel alium, ſeu alios de nobis, & noſtris deputandos directè, & immediate devoluantur quemadmodum antea a judicibus ordinariis ipſorum Baroniæ, & locorum devoluebantur.*

2°. Le Préſidial oppoſe que par l'infeodation de la Baronie de Marboz de 1359. le Prince ne dit pas que les appellations du Juge d'appel de Marboz reſſortiront à ſon Conſeil c'eſt-à-dire au Senat de Chambery.

3°. Qu'après ledit d'établiſſement du Préſidial, il n'y avoit aucune difficulté que les appellations des Juges ſubalternes ſe relevoient toutes au Préſidial pour eſtre jugées Préſidialement, ou Baillagerement ſuivant l'exigence des cas.

Enfin le Préſidial oppoſe les Arreſts de 1612. 1615. 1621. 1695. & 22. Mars 1700. ſuivant leſquels les appellations doivent eſtre relevées au Préſidial, ou au Bailliage ſuivant l'exigence des cas.

RE'PONSES.

Il eſt de la derniere importance d'obſerver ici que lors de l'infeodation de la Baronie de Foiſſiat en 1355. lors de l'infeodation de la Baronie de Marboz en 1359. toutes les deux faites par Amé V. Comte de Savoye en faveur de Guillaume de la Baume qui avoit eſté ſon Tuteur, & qui étoit alors ſon premier & principal Miniſtre, & enfin lors de l'érection du Comté de Mont-Revel faite le 26. Decembre 1427. par Amedé premier Duc de Savoye en faveur de Jean de la Baume Maréchal de France Gouverneur de Paris ſon proche parent il n'y avoit point de Senat à Chambery, & par conſequent il n'étoit pas poſſible, que dans les infeodation de ces Terres le Prince en déclarant qu'il ne ſe reſervoit que la Souveraineté, & le dernier reſſort declara auſſi que les appellations des Juges d'appel de ces Terres réſſortiroient au Senat de Chambery, puiſqu'il n'y avoit point de Senat alors, le Prince ne pouvoit faire autre choſe que de déclarer qu'il ſe reſervoit le Souverain reſſort, *Superioritate, ac reſſorto.*

2°. Lors des infeodations des Baronies de Foiſſiat, & de Marboz, il n'y avoit point d'autre Juriſdiction Souveraine dans les Eſtats de Savoye que le Conſeil du Prince, c'eſt pourquoy dans ces infeodations Amé V. Comte de Savoye déclare uniquement qu'il ſe reſerve le Souverain reſſort.

Il y avoit dans la Ville de Bourg un Juge ordinaire appellé Juge-Mage, qui avoit la Juriſdiction ordinaire des Terres du Domaine du Prince, ce Juge n'étoit Juge que du Territoire, & n'étoit point Juge du reſſort.

Avant l'établiſſement du Senat à Chambery le Souverain pour le ſoulagement de ſes Sujets commettoit & députoit dans la Breſſe un Conſeiller de ſon Conſeil, pardevant lequel ſe relevoient, les appellations tant des Sentences renduës par ſon Juge-Mage à Bourg, qui étoit (comme on vient de le dire Juge) ordinaire des Terres de ſon Domaine, que des Sentences renduës par les Juges d'appel des Seigneurs hauts Juſticiers.

Depuis l'établiſſement du Senat à Chambery toutes les appellations tant des Sentences renduës par le Juge-Mage ou Juge ordinaire des Terres du Domaine du Prince, que des Sentences renduës par les Juges d'appel des Seigneurs hauts Juſticiers ſe ſont relevées au Senat de Chambery.

C'eſt pourquoy dans toutes les infeodations qui ont ſuivi celles des Baronies de Foiſ-ſiat & Marboz, & l'érection du Comté de Mont-Revel ſur leſquelles ces infeodations poſterieures ont eſté modelées, le Prince en déclarant comme il eſt porté dans les infeodations anciennes de la Maiſon de Mont-Revel, qu'il ſe reſervoit la Souveraineté & le dernier reſſort, a déclaré, *ſauf la Souveraineté & le dernier reſſort a noſtre Senat de Savoye*, ce qui ne pouvoit pas eſtre appoſé dans les Lettres Patentes de l'érection du Comté de Mont-Revel ; puiſque, comme on vient de le dire, il n'y avoit alors point de Senat ; mais le Prince a déclaré qu'il ne ſe réſervoit que le Souverain reſſort ; *Ita tamen quod appellationes ab ipſo judice appellationum emittendæ, ad judicem noſtrum appella-tionum Breſſiæ vel alium, ſeu alios de nobis & noſtris deputandos, ipſorum que curiam, & examen directè & immediatte devoluantur quemadmodum ut antea ajudicibus ordinariis ipſorum Baroniæ, & locorum devoluebantur* : de maniere que les appellations qui ſeront interjettées des Sentences renduës par le Juge d'appel dudit Comté reſſorti-ront directement, & immediatement à nôtre Juge des appellations de Breſſe ce qui anneantit la fauſſe interprétation que le Préſidial voudroit donner à cette clauſe en diſant que le Prince a ſoumis les appellations du Juge d'appel du Comté de Mont-Revel à ſon Juge-Mage établi à Bourg, ſauf le dernier reſſort au Senat.

1º. Le Prince ne parle point icy de ſon Juge-Mage Ducal, établi à Bourg, & il n'a-voit garde d'en parler, puiſque ce Juge n'étoit Juge que du Territoire de ſon Domaine & n'étoit point Juge du Reſſort, & par conſequent vray de dire que le Juge-Mage Ducal étably à Bourg, n'a jamais eû aucune Juriſdiction ſur la Juſtice du Comté de Mont-Revel.

2º. Bien loin par le Prince, de ſoumettre la Juſtice du Comté de Mont-Revel, à la Juriſdiction de ſon Juge-Mage, où Juge ordinaire étably à Bourg, qui eſt aujour-d'huy repreſenté par le corps du Baillage, & du Preſidial ; le Prince déclare au con-traire, que les apellations du Juge d'apel du Comté de Mont-Revel, reſſortiront di-rectement, & immediatement, pardevant le Juge des apellations de Breſſe, qui étoit Juge Souverain & en dernier reſſort.

Ce Juge des apellations, étoit député & délegué par le Prince, qui le tiroit de ſon Conſeil Souverain, pour juger les apellations en dernier reſſort, la preuve en eſt écrite dans la clauſe que l'on vient de rapporter, *adjudicem noſtrum appellationum Breſſiæ, vel alium, ſeu alius de nobis. & noſtris deputandos*, à nôtre Juge des apellations de Breſſe où autres, qui ſeront députez par nous & des nôtres, *& noſtris*. c'eſt-à-dire de nôtre Conſeil.

3º. Ce Juge des apellations de Breſſe, n'étoit point perpétuel, comme les Juges or-dinaires;c'eſt pourquoi le Prince pour prevenir tout équivoque, ajoute, où autres qui ſe-ront députez pour nous, & des nôtres, *vel alium ſeu alios, de nobis, & noſtris depu-tandos*, afin qu'en-cas de changement de ces Juges des apellations, la Juſtice du Comté de Mont-Revel, ne pût point pretendre devoir être affranchie du dernier reſſort.

4º. Ces termes importans, *vel alium, ſeu alios de nobis, & noſtris deputandos*, ou au-tres qui ſeront députez par nous & des nôtres, démontrent donc invinciblement, que le Prince n'aſſujetiſſoit la Juſtice du Comté de Mont-Revel, qu'à ſon autorité Souveraine, & à ſon Conſeil Souverain,

Auſſi le Prince, en déclarant qu'il érigeoit la Baronie de Mont-Revel en Comté, & dignité du Comté ; a-t'il déclaré qu'il ne ſe reſervoit que la Souveraineté, & le Reſ-ſort, *Superiotaque, & Reſſorto* ; ces termes de Souveraineté & de Reſſort, qui ſont liez & unis enſemble, par une particule conjonctive, ſuffiſent ſeuls, pour forcer le Preſi-dial, de convenir luy-même, que le Prince ne s'eſt reſervé que le dernier Reſſort, qui eſt la marque de la Souveraineté.

5º. On demande au Preſidial luy-même, dans quel endroit des Lettres patentes d'infeodation, & d'érection du Comté de Mont-Revel, il a trouvé écrit que le Prin-ce vouloit que les appellations du Juge d'appel du Comté de Mont-Revel, ſe por-teroient devant le Juge Ducal étably à Bourg, ſauf le dernier Reſſort au Sénat.

Il faudroit veritablement pour que le ſiſtême du Preſidial fut ſoutenable, que le Prince eût déclaré dans les Lettres d'érection du Comté de Mont-Revel, que les apel-lations du Juge d'appel dudit Comté, ſe porteroient devant ſon Juge Ducal étably à Bourg, ſauf le dernier Reſſort au Sénat.

Mais le Prince a dit & décidé tout le contraire.

1º. Le Prince ne parle point de ſon Juge-Mage étably à Bourg, qui étoit le Juge ordinaire, & il dit encore moins que les appellations du Juge d'appel du Comté de Mont-Revel réſſortiroient devant ce Juge, & par conſequent vray de dire comme on l'a obſervé que le Prince n'a point aſſujetti la Juſtice du Comté de Mont-Revel à la Juriſdiction de ſon Juge Ducal, ou Juge ordinaire de la Breſſe établi à Bourg.

2°. Le Prince a declaré & ſtatué que les appellations du Juge d'appel du Comté de Mont-Revel ſe porteroient devant le Juge des appellations de la Breſſe qui étoit Juge en derñier reſſort, & qui étoit deputé par le Prince qui le tiroit des Conſeillers de ſon Conſeil Souverain c'eſt ce que le Prince declare lui-même, *vel alium, ſeu alios de nobis, & noſtris deputandos,* ou autres qui ſeront deputez par nous & des nôtres, ce qui établit en même temps que la Juſtice du Comté de Mont-Revel n'eſt point aſſujettie à la Juriſdiction du Juge Ducal & Juge ordinaire, & que les appellations du Juge d'appel dudit Comté étoient portées en dernier reſſort par devant les Juges des appellations que le Prince deputoit lui-même & tiroit de ſon Conſeil, *vel alium ſeu alios de nobis, & noſtris deputandos ;* ce qui demontre qu'il eſt moralement impoſſible de penſer, quand on le voudroit, que la Juſtice du Comté de Mont-Revel ait jamais eſté aſſujettie à la Juriſdiction du Juge-Mage ou Juge ordinaire de la Breſſe établi à Bourg, qui eſt aujourd'huy répreſenté par le Corps du Bailliage & du Préſidial.

3°. Non-ſeulement le Prince ne dit point que les appellations du Juge d'appel du Comté de Mont-Revel, ſe porteroient pardevant ſon Juge ducal établi à Bourg, qui étoit le Juge ordinaire du Territoire, à la Juriſdiction duquel la Juſtice de Mont-Revel n'a jamais été aſſujettie, il ne parle point non plus de Senat, puiſqu'il n'y en avoit point alors ; mais le Prince ne dit point qu'après que les appellations des Sentences du Juge d'appel du Comté de Mont-Revel, auroient été portées au Tribunal du Juge ou des Juges des appellations de la Breſſe, qui étoient deputez par le Prince, & tirez de ſon Conſeil, ces appellations ſe releveroient ailleurs, & c'eſt ce qui acheve de demontrer le dernier reſſort.

4°. Le Prince en ajoûtant, comme auparavant, *quemadmodum ut antea à judicibus ordinariis ipſorum Baroniæ, & locorum devoluebantur,* ne fait que confirmer que la Juſtice de Mont-Revel n'a jamais été aſſujettie à la Juriſdiction du Juge Mage ducal établi à Bourg ; car la Baronie de Mont-Revel en elle-même n'a jamais été du Domaine du Prince, & le Juge-Mage ou Juge ordinaire établi à Bourg n'étoit Juge que du Territoire du Domaine du Prince, il n'étoit point Juge du reſſort, & les appellations de ſes Sentences ſe relevoient également comme celles des Juſtices des Seigneurs, devant le Tribunal de ſes Juges des appellations deputez par le Prince, & tirez de ſon Conſeil avant l'établiſſement du Senat.

Outre cela il y a une obſervation particuliere à faire, ou pour mieux dire à rappeller en cet endroit, parce qu'elle a déjà été faite.

Avant la réünion des Baronies, Terres, & Seigneuries qui compoſent aujourd'hui le Comté de Mont-Revel depuis ſon érection, il y avoit autant de Juges qu'il y avoit de Terres & de Seigneuries.

Il y avoit des Juges d'appel dans les Baronies & Seigneuries de Foiſſiat, Marboz, Montribloud, & l'Abergement, ainſi que le Prince le declare lui-même dans les Lettres d'érection du Comté de Mont-Revel ; & ainſi que le prouvent les inféodations par leſquelles, & notamment par celles de la Baronie de Foiſſiat de 1355. & de la Baronie de Marboz de 1359. le Prince tranſmet à Guillaume de la Baume & à ſes ſucceſſeurs à perpetuité, l'entiere Juſtice & Juriſdiction univerſelle qu'il avoit dans leſdites Terres, à la ſeule reſerve de la Souveraineté, & les appellations des Juges d'appel de ces Terres étoient en dernier reſſort.

Comme au moyen de la réünion de toutes ces Terres, Seigneuries & Juſtices, dans un ſeul & même corps, la juſtice ne devoit plus être adminiſtrée que par un ſeul Juge, & dans le chef lieu, qui eſt Mont-Revel, le Prince en érigeant cette Baronie en dignité de Comté, accorde à M.re Jean de la Baume la faculté, & le droit d'établir un Juge d'appel pour tout le Comté, ou pour mieux dire confirme le ſecond degré de Juriſdiction accordé par les precedentes inféodations, lequel ſecond degré de Juriſdiction ſeroit exercé à Mont Revel pour l'univerſalité des Terres, après quoi le Prince declare que les appellations de ce ſecond degré de Juriſdiction ſeroient relevées pardevant le Tribunal du Juge, ou des Juges des appellations de la Breſſe, qui étoient par lui deputez & tirez de ſon Conſeil, *de nobis, & noſtris deputandos.*

II

Il n'eft donc pas poffible d'établir d'une maniere plus invincible & plus victorieufe, que l'ancien Juge-Mage ou Juge ordinaire établi à Bourg, qui eft aujourd'hui reprefenté par le corps du Bailliage & du Prefidial, n'a jamais eu aucune Jurifdiction fur la Juftice du Comté de Mont-Revel, puifque par toutes les inféodations le Prince s'eft dépouillé de toute la Jurifdiction qu'il avoit fur lefdites Terres, à la feule referve de la Souveraineté & du dernier reffort ; & qu'en concedant le fecond degré de Jurifdiction, bien loin de foumettre les appellations de ce fecond degré de Jurifdiction à fon Juge ordinaire, & à la Juftice du Territoire de fon Domaine ; il a au contraire ftatué que ces appellations reffortiroient directement & immediatement au même Tribunal que reffortiffoient les appellations de fon propre Juge-Mage, ou Juge ordinaire de la Breffe établi à Bourg, lequel Tribunal d'appellations étoit rempli ; on ne fçauroit trop le repeter du Juge, ou des Juges deputez par le Prince, & tirez de fon Confeil, parce qu'alors il n'y avoit point de Senat.

A la difpofition litterale de toutes les inféodations, & de l'érection du Comté de Mont Revel, qui ne laiffent aucun doute fur le dernier reffort ; il faut ajoûter la maxime judicieufe du Droit Romain & Canonique, que lorfqu'il eft queftion de recompenfes, de graces, & de bienfaits, on en doit toûjours faire une pleniffime interpretation en faveur de la perfonne gratifiée. *In contractibus plena, in teftamentis plenior, & in Benefiiis pleniffima interpretatio facienda eft. L. 3. & 6. ff. de vin. & tru. leg. C. cum dicti X. de Donat.*

Pour convaincre de plus en plus, & par furabondance feulement le Prefidial, il n'y a qu'à le renvoyer aux inféodations que les Ducs de Savoye ont fait dans le cours du fiecle 1500. qui ont toutes été modelées fur les anciennes inféodations de la Maifon de Mont-Revel, & il fera forcé de convenir, que les Comtes, & Ducs de Savoye, par toutes les inféodations & les érections des Terres de marque & de dignité, ne fe font jamais refervé que la Souveraineté & le dernier reffort à leur Senat de Savoye, parce que lors de ces inféodations faites dans le milieu & fur la fin du fiecle 1500. le Senat de Savoye étoit établi & fedentaire à Chambery.

Par les Lettres d'Erection de la Terre & Seigneurie de Bagé en Marquifat, en datte du 19. Novembre 1575. il eft dit, fauf ledit dernier reffort, & feconde appellations à nôtre Senat de Savoye pour la fuperiorité, parce que le dernier reffort eft la veritable marque de la Souveraineté, & que la referve de la Souveraineté & du reffort, ne peut avoir d'application qu'au dernier reffort.

Il doit donc demeurer pour conftant, que fuivant toutes les anciennes inféodations faites à la Maifon de Mont-Revel, les Juftices de leurs Terres n'ont jamais été affujetties à la Jurifdiction ordinaire du Prince, puifque par ces inféodations les Souverains qui les ont accordé, fe font dépouillez de la Jurifdiction ordinaire qui leur appartenoit, & ne fe font refervé que la Souveraineté ; ils en ont ufé de même dans les inféodations qu'ils ont fait deux fiecles après, de plufieurs Terres de marques & de dignitez qu'ils ont erigé en faveur de Maifons illuftres, & tous les Seigneurs ont perpetuellement joüi depuis les inféodations de leurs Terres du fecond degré de Jurifdiction & du dernier reffort, fans avoir jamais été affujettis à la Jurifdiction ordinaire du Prince, pendant la domination de la Maifon de Savoye.

Examinons à prefent fi la réünion de la Breffe à la Couronne, par le Traité de paix conclud à Lyon le 17. Janvier 1601. a donné quelque atteinte aux droits des Juftices des Terres de marques & dignitez, que l'on appelle grands fiefs.

1°. Il eft certain que ce Traité de paix & d'échange des Provinces de Breffe & de Bugey, pour le Marquifat de Saluces, ne donne aucune atteinte directement ni indirectement à toutes les inféodations des Terres de marques & de dignitez, & autres Seigneuries ; le Duc de Savoye cede lefdits Pays au Roi avec leurs appartenances, tant en Souveraineté qu'en Juftice, Seigneuries, Vaffaux, Sujets, & tous droits, noms, raifons & actions qui pouvoient luy appartenir ; c'eft la difpofition de l'article premier de ce Traité de paix, fuivant lequel les Juftices & Seigneuries font cedées par le Duc de Savoye, & acceptées par le Roi Henry le Grand en l'état qu'elles étoient fans y rien innover.

2°. L'Edit de création & d'établiffement du Prefidial du mois de Juillet 1601. n'a de même apporté aucun changement aux droits de Juftices des Seigneurs des Terres de marques & de dignitez, *fus erat eis quæfitum* ; cet Edit n'a point elté fait pour diminuer

F

en rien leurs Juſtices ; le Preſidial n'a eſté erigé que pour rendre la juſtice aux Sujets du Roi, juſticiables du Preſidial & du Bailliage, tout ainſi que cela ſe pratiquoit avant la réünion du Pays à la Couronne ; auſſi l'Edit de création ne contient-il aucune dérogation quelle qu'elle puiſſe être aux droits des Seigneurs, ni de qui que ce ſoit.

3°. Les Seigneurs ont eſté confirmez dans tous leurs droits de Juſtice, generalement quelconques, par l'Edit du mois de Novembre de la même année 1601. qui eſt aujourd'hui une Loi publique, à laquelle il ne ſeroit pas poſſible de donner atteinte.

Cet Edit * contient deux parties au profit des Seigneurs des Terres de marque & de dignitez.

Il eſt rapporté par Granet page 127. & ſuivantes.

Par la premiere, Sa Majeſté declare qu'elle n'a point entendu, & n'entend point diminuer en rien les droits, prerogatives, pouvoirs & autoritez attribuez aux Marquiſats, Comtez, Baronnies, Châtellenies, & autres Dignitez & Seigneuries de la Province. *Ains voulons, ſtatuons, ordonnons ; & nous plaiſt, que leurs droits de juſtice, leur demeurent entiers, libres & paiſibles, & ſoit l'adminiſtration faite ainſi qu'ils faiſoient bien & dûement, par le paſſé ; notamment pour les degrez de leurs Juriſdiction, tant de premiere inſtance que d'appel, & qu'ils connoiſſent de toutes, telles & ſemblables cauſes, affaires & matieres qui leur ont eſté concedées, & dont ils ſont en bonne & dûë poſſeſſion, & en joüiſſent ainſi qu'ils ont bien & dûement fait par le paſſé, & joüiſſoient encore lors dudit Traité de paix.*

Par la ſeconde partie de cet Edit, le Roi declare, que comme auparavant la réünion, les appellations des Juges d'appel des Seigneurs eſtoient relevées directement au Souverain Senat de Chambery, au lieu duquel depuis le Traité de paix, le Parlement de Dijon eſtoit ſubrogé, elle vouloit pour le ſoulagement de ſes Sujets, qu'à l'avenir les appellations deſdits Juges d'appel qui eſtoient relevées au Senat de Chambery, & qui par conſequent pourroient être tirées au Parlement de Dijon, ſoient portées au Siege Preſidial pour quelque matiere que ce ſoit, *pourvû qu'elle s'y puiſſe terminer diffinitivement, ainſi qu'en la Cour de Parlement ; & l'Edit ajoûte, & qu'elle n'excede pas les cas dont nous avons attribué par nos Ordonnances, la juriſdiction abſoluë & définitive à nôtredit Siege Preſidial de Bourg, ainſi qu'aux autres Sieges Preſidiaux de noſtre Royaume.*

Cet Edit qui a eſté enregiſtré purement & ſimplement au Parlement de Dijon le 12. Aouſt 1604. & qui par-là eſt devenu une Loy publique, condamne abſolument toutes les pretentions injuſtes du Preſidial.

1°. Les Seigneurs des grands Fiefs ſont conſervez, maintenus & gardez dans tous leurs droits de Juſtice en entier.

2°. Les deux degrés de Juriſdiction ſont confirmés, & autoriſés.

3°. Les Seigneurs, ou leurs Juges connoîtront, de toutes, telles, & ſemblables cauſes, affaires & matieres qui leur ont eſté concedées.

4°. L'Edit prouve encore, que pendant la domination des Ducs de Savoye, les Appellations des Juges d'appel reſſortiſſoient au Souverain Senat de Chambery, & qu'ainſi la Juſtice du Prince établie à Bourg n'avoit aucune Juriſdiction ſur les Juſtices des Seigneurs, ainſi que l'on vient d'ailleurs de le démontrer.

5°. L'Edit fixe, & regle le cas, où les appellations des Juges d'appel des Seigneurs reſſortiront au Préſidial, qui eſt lorſque les appellations y pourront être terminées deffinitivement & en dernier reſſort, ainſi qu'au Parlement de Dijon ; enſorte que ce n'eſt que dans les cas préſidiaux, & au premier chef de l'Edit ſeulement, que les appellations des Juges d'Appel des Seigneurs, peuvent & doivent reſſortir au Preſidial, ce qui n'eſt pas conteſté par les Seigneurs.

Le Préſidial de Bourg a donc bien mauvaiſe grace de venir oppoſer, qu'après ſon établiſſement il n'y avoit aucune difficulté, que les appellations des Juges d'appel des Seigneurs ſe devoient relever toutes au Préſidial, pour y être jugées préſidialement, ou bailliagerement, ſuivant l'exigeance des cas, puiſque le contraire eſt préciſément décidé par l'Edit ou Declaration du mois de Novembre 1601. dûement enregiſtrée, qui n'attribuë au Préſidial le reſſort, & la connoiſſance des appellations des Juges d'appel, que dans les cas préſidiaux, & au premier chef de l'Edit.

Le Roy renvoye la connoiſſance des appellations des Juges d'appel au Préſidial de Bourg, pour quelque matiere que ce ſoit ; mais ſous cette condition, *pourvû qu'elle s'y puiſſe terminer diffinitivement, ainſi qu'en nôtredite Cour de Parlement, & qu'elle n'excede pas les cas dont nous avons attribué par nos Ordonnances la Jurisdiction absoluë, & diffinitive à nôtredit Présidial de Bourg, ainsi qu'aux autres Sieges Présidiaux de notre Royaume*, & par conséquent la prétention du Présidial de Bourg, de vouloir s'arroger le ressort & la connoissance de toutes les appellations des Juges d'appel indeffiniment, & dans tous les cas non présidiaux, & hors du premier chef de l'Edit, est une entreprise, & une contravention formelle, & reprehensible.

Quant aux Arrests que le Présidial de Bourg oppose, ils portent leurs contredits avec eux. 1°. Les uns sont surpris par le Présidial sur simple Requête. 2°. Les autres sont rendus sans connoissance de cause, les Seigneurs n'ayant produit aucuns de leurs titres justificatifs des droits & privileges de leurs Justices. 3°. Les Arrêts ne statuent rien deffinitivement, il ne font qu'adjuger la provision à la Justice Royale, en attendant que les Seigneurs eussent bien & duëment justifié pour leurs titres d'infeodations, les droits & privileges de leurs Justices. 4°. L'Arrest de 1695. a précisément jugé que l'on n'avoit jamais donné aucune atteinte aux droits & privileges des Justices des Seigneurs, ausquels pour cet effet, il reserve la faculté de representer leurs titres pardevant les Commissaires du Conseil, sur la representation desquels titres, les Seigneurs doivent & seront maintenus dans tous leurs droits, & privileges particuliers, parceque en matiere de concessions de Justice, les Titres d'infeodations, & les Actes d'investiture font une loi absoluë dans le Royaume, où les Justices sont patrimoniales, & hereditaires, & c'est pour cette raison que l'Arrest de 1695. reserve aux Seigneurs la faculté de produire leurs titres pardevant les Commissaires du Conseil, pour sur la representation de leurs titres leur être fait droit par Sa Majesté, ainsi qu'il appartiendra. Il s'agit donc aujourd'hui destatuer sur les titres.

SECONDE PARTIE DU MEMOIRE DU PRESIDIAL.

PREMIERE OBJECTION.

Concernant les Nobles.

Le Présidial de Bourg suppose que la Noblesse de Bresse a le privilege de ne porter ses causes qu'aux Juges du Souverain, à l'exclusion des Juges des Seigneurs, suivant les Satuts de Savoye de 1430. suivant une Ordonnance de Philibert Emmanuel Duc de Savoye du 13. Février 1560.

Outre cela, le Presidial prétend que la connoissance des causes des Nobles & des Ecclesiastiques, est un cas Royal, & qu'en cela on execute les Loix Romaines qui attribuent aux premiers Juges des Provinces les Tutelles & Curatelles des Nobles, suivant les titres du Code *de Pedan Jud. & de Tut. vel Curat. illust. & clar.* Il invoque le sentiment de M. le Président Faure, l'Edit du mois de Novembre 1601, l'Arrest surpris sur Requête le 14 Avril 1612. de ceux de 1614. & 1695. Enfin le Présidial prétend que l'infeodation du Comté de Mont-Revel ne contient aucun privilege, qui lui attribuë la connoissance des causes des Nobles, & qu'au contraire le Prince se la reserve, avec tous les autres droits qui lui appartenoient,

REPONSES.

Le prétendu privilege de la Noblesse de Bresse, de ne porter ses causes qu'aux Juges du Souverain, à l'exclusion des Juges des Seigneurs est une veritable chimere, qui n'a jamais existé que dans l'imagination des Officiers du Présidial de Bourg, qui pour augmenter sa Jurisdiction aux dépens de celles des Seigneurs, a seul introduit le privilege chimerique qu'il articule.

On ne trouvera aucun Statut, ni aucun Edit des anciens Comtes & Ducs de Savoye, qui ayent souftrait les Nobles de la Jurisdiction de Seigneurs Hauts-Justiciers, & il n'est pas vrai (sauf respect) de dire que les Statuts de l'an 1430. ayent ~~contribué~~ aux *accordé,* Gentils hommes un semblable privilege, ces Statuts n'ent disent pas un mot; Le Présidial qui ne cherche qu'à surprendre, & à jetter de la confusion, a cité le Chapitre 14. du liv. 2. des Statuts de 1430; ces Statuts sont divisés en differens Livres, & chaque Livre se divise en differens articles, & non point en chapitres.

Or l'Article 14. du Livre fecond de ces Statuts ne dit abfolument point, ni directement, ni indirectement que les Gentils-hommes feront affranchis de la Jurifdiction des Seigneurs Hauts-Jufticiers, dans le territoire defquels ils feront domiciliés.

Par cet Article, le Prince veut & ordonne, que fon Confeil renvoye la connoiffance de toutes les caufes civiles & criminelles, aux Juges ordinaires qui ont droit d'en connoître: *Statuimus, & ordinamus quod dictum Concilium noftrum nobifcum refidens, nullas caufas civiles, vel criminales affumat audiendas, fed ipfas caufas Judicibus ordinariis, & aliis quibus de Jure pertinebunt, & defferri debebunt remittat audiendas, cognofcendas, de fine debito terminandas.*

Le Prince fait deux exceptions; la premiere comprend les caufes & matieres qui regarderont fon Domaine, & fon Fifc, & il referve la connoiffance de ces fortes d'affaires à fon Confeil: *Nifi caufæ ipfæ Patrimonium, vel Fifcum noftrum concernant.*

La feconde exception regarde les caufes, & conteftations d'entre les Barons, & autres Seigneurs Hauts-Jufticiers des Terres de marque & de dignitez, dont il referve la connoiffance à fon Confeil: *vel nifi fuerint caufæ Baronum Bannerctorum, aut aliorum Potentum Nobilium inter eos vel contra eos* ~~exortatione.~~ *Exortæ*

C'eft apparemment cette exception, qui a donné occafion au Prefidial d'invoquer l'article 14. du Livre fecond des Statuts de 1430. Mais le Préfidial n'a pas ofé, & s'eft bien donné de garde de rapporter les termes du Statut, parce qu'il n'a aucune application aux fimples Gentilhommes qui demeurent dans le territoire des Seigneurs Hauts-Jufticiers, à la Jurifdiction defquels ils font foumis par leur refidence.

Par le terme de fimples Gentilhommes, on n'entend point icy méprifer la Nobleffe, on ne fe fert de ce terme, que pour diftinguer les Gentilhommes qui n'ont point de Juftice, d'avec les Seigneurs Hauts-Jufticiers, & les Seigneurs de Terres de dignités.

Il faut dans tous les ordres de la fubordination, & de la fuperiorité.

L'exception que fait le Prince par cet article 14. eft auffi judicieufe, qu'elle eft glorieufe à la grande Nobleffe, judicieufe, parce que, un Seigneur Haut-Jufticier, un Comte, un Marquis ne peut & ne doit pas être traduit dans la Juftice d'un autre Comte, & d'un autre Seigneur Haut-Jufticier, glorieufe parceque le Prince, au lieu de foumettre la connoiffance des conteftations, qui regardent la grande Nobleffe *Potentum Nobilium* à fes Juges ordinaires fe la referve au contraire, & à fon Confeil.

Il faut donc retrancher du Mémoire du Préfidial le prétendu privilege, qu'il articule de la Nobleffe de Breffe, de ne porter fes caufes qu'aux Juges du Souverain, à l'exclufion des Juges des Seigneurs. puifque jamais les anciens Comtes & Ducs de Savoye par aucun Statut, ni aucun Edit particulier, n'ont accordé un femblable privilege aux Gentilhommes demeurans dans les Terres des Seigneurs Hauts-Jufticiers.

Quant à l'Ordonnance du Duc Emmanuel Philibert, que l'on datte du 13. Février 1560. il faut d'abord que le Préfidial commence par indiquer le Livre où cette Ordonnance eft rapportée, afin de la lire & de l'examiner, car on ne le croira pas fur fa parole.

Mais on foûtient avec confiance, que jamais le Duc Emmanuel Philibert, ni aucun autre Comte, ou Duc de Savoye, n'ont par aucune Ordonnance, Statut, ou Edit affranchi les Nobles de la Jurifdiction des Seigneurs Hauts-Jufticiers, & la propre Ordonnance de 1560. de la maniere même qu'il plaît au Préfidial d'en rapporter une efpece de fragment, n'a aucune application.

En effet, le Préfidial dit, que le Duc Emmanuel Philibert ayant reconnu que les caufes des Nobles des Ecclefiaftiques, & des Communautés qui fe portoient en premiere inftance au Senat, s'y jugeoient avec trop de précipitation, les renvoya fur les lieux pardevant les Juges Ducaux, & à deffaut pardevant un des Senateurs de Chambery, à la charge de l'appel au Senat.

Or, fuivant ce raifonnement, le Duc Emmanuel Philibert n'introduit aucun droit nouveau, & n'accorde aucun privilege à la Nobleffe, puifqu'il ne fait que renvoyer les caufes, qui auparavant 1560. fe portoient immediatement, & en premiere inftance au Senat, pardevant fes Juges Ducaux, ou pardevant un Senateur, à la charge de l'appel au Senat.

Il faut donc de neceffité remonter plus haut, & chercher quelques Statuts, ou quelques Edits de quelques précedens Souverains, par lefquels ils ayent fouftrait les Nobles de la Jurifdiction des Seigneurs Hauts-Jufticiers; car le Duc Emmanuel Philibert

libert

lbert, n'introduit aucun privilege, il ne faut, comme on vient de le dire, que renvoyer les caufes, qui auparavant 1560. se portoient en premier inftance au Senat à ses Juges Ducaux.

On vient d'obferver que par l'art. 14. des Status de 1430. le Duc Amedée avoit refervé à lui & à fon Confeil la connoiffance immediate des caufes de la grande Nobleffe; c'eft-à-dire des Seigneurs Hauts-Jufticiers, & des Terres de marque, & de dignités, *Potentum Nobilium*, ce qui ne regarde point les fimples Gentilhommes.

Or en fuppofant l'Ordonnance de 1560. telle que le Prefidial l'a rapporté; c'eft-à-dire une efpece de fragment, le renvoi que le Duc Émanuel Philibert fait à fes Juges Ducaux des caufes qui auparavant fe portoient en premiere Inftance au Senat, ne regarderoit que la grande nobleffe *Potentum Nobilium*, parce que non-feulement un Comte, un Marquis, un Seigneur Haut-Jufticier, ne pouvoit pas être traduit dans la Juftice d'un autre Seigneur Haut-Jufticier; mais il étoit affranchi de la Juftice ordinaire du Prince, & les caufes de la grande nobleffe, fe portoient directement au Prince & à fon Confeil.

Pour trancher en un feul mot, & pour faire évanoüir la fauffe idée du privilege chimerique que le Prefidial articule, & qu'il a lui-même feul introduit, on le défie de rapporter aucun Statut, aucune Ordonnance, ni aucun Edit d'aucuns Comtes, ou Ducs de Savoye, qui ayent affranchi les Nobles de la Juftice & Jurifdiction des Seigneurs Hauts-Jufticiers, dans les Terres defquels ils font leur refidence.

On ne conçoit pas comment le Prefidial a pû qualifier la connoiffance des caufes des Nobles de cas Royal, cela choque les premiers principes, les Ordonnances, & la Jurifprudence des Arrêts.

✦ On ne voit pas non plus comment le Prefidial a pû recourir aux maximes du Droit Romain, pour infinuer que la connoiffance des caufes des Nobles doit appartenir aux Juges-Royaux, à l'exclufion de ceux des Seigneurs.

En effet l'ufage des Fiefs étoit abfolument inconnu aux Romains, il n'y avoit point de Juftices Seigneuriales parmi eux, & par confequent impoffible de trouver dans le Droit Romain aucune decifion qui ait le moindre trait aux Juftices Seigneuriales.

La comparaifon que le Prefidial voudroit faire des Juges des Seigneurs, avec les Juges pedanez des Romains, eft une abfurdité; les Juges pedanez étoient ainfi appellez par les Romains, parce qu'ils n'avoient point de Tribunaux, *quia non pro Tribunali judicabant, fed de plano ftantes*, ils étoient deleguez par les Gouverneurs, les Prefidents des Provinces, & autres Magiftrats pour connoître des caufes de peu de confequence, ils n'avoient aucune Jurifdiction; *Sed tantum fimplicem cognitionem*, les Juges des Seigneurs font de veritables Juges qui ont leurs Tribunaux, une Jurifdiction pleniere, la connoiffance de toutes fortes d'affaires, hors celles où le Roi à interêt, ce qui eft uniquement le cas Royal, la puiffance du glaive, & en un mot les mêmes caracteres que les Juges-Royaux, les Seigneurs tenant leurs Juftices du Souverain.

Mais pourquoi recourir au Droit Romain, tandis que nous avons les Ordonnances qui font la feule loi qu'il foit permis de fuivre, cela ne convient point à des Juges-Royaux.

On ne s'arrêtera point ici à combattre la mauvaife application que le Prefidial voudroit faire de la définition 17. de M. Faure dans fon Code Liv. 3. tit. 12.

1°. Ce n'eft ici qu'une opinion d'un Auteur, & ces fortes d'opinions ne font confiderées qu'en tant qu'elles font conformes à la raifon, & à la difpofition des Loix & des Ordonnances, dont il n'eft pas permis aux interpretes de s'écarter, autrement l'on traite leurs oppinions d'erreurs.

2°. M. Faure ne parle en cet endroit que dans le cas où le Souverain auroit concedé la Juftice en termes generaux, & fans rien fpecifier, ce qui n'a ici aucune application, parce que dans les anciennes inféodations de la Maifon de Mont-Revel, le Prince ne s'eft pas contenté de declarer qu'il cedoit & tranfmettoit toute fa Jurifdiction; mais il a précifément affujetti les Nobles à la Juftice qu'il accordoit à la Maifon de Mont-Revel, *nobilibus & non nobilibus*.

Or, en matiere d'inféodations l'unique loi eft la volonté du Prince, qui étant la fource & le principe de toute Juftice, & de toute Jurifdiction, eft le maître de l'accorder fur toutes fortes de perfonnes, & comme bon lui femble.

En cet état il doit donc demeurer pour conftant, que pendant la domination des

Comtes & Ducs de Savoye, la Nobleſſe n'a jamais joüi du prétendu privilege dont le Preſidial parle, de ne porter ſes cauſes qu'aux Juges du Souverain, à l'excluſion des Juges des Seigneurs, puiſque non-ſeulement il n'y a jamais eü ni Statuts, ni Edits qui ayent affranchi les Gentilshommes de la Juriſdiction des Seigneurs Hauts-Juſticiers, dans les Terres deſquels ils faiſoient leurs réſidences ; mais que par les inféodations faites à la Maiſon de Mont-Revel, qui ſont les plus anciennes, & par celles faites à d'autres Seigneurs près de deux ſiecles après, les Ducs de Savoye ont préciſément aſſujetti les Nobles à la Juriſdiction des Seigneurs Hauts-Juſticiers.

Venons préſentement au droit public du Royaume, dont la Breſſe fait partie depuis ſa réünion à la Couronne.

En France, tant dans les pays regis par le Droit Ecrit, que dans ceux regis par le droit Coûtumier, de tout tems les Nobles ont été juſticiables des Seigneurs Hauts-Juſticiers, dans les Terres deſquels ils font leur réſidence, quoique dans les inféodations des Juſtices & Seigneuries, les Nobles n'euſſent pas, comme dans les inféodations des Seigneuries de Breſſe, été nommément aſſujettis à la Juriſdiction des Seigneurs Hauts-Juſticiers, parce que c'eſt un droit commun que les Seigneurs Hauts-Juſticiers ont droit de Juriſdiction ſur tous leurs Vaſſaux ſans diſtinction, il faut une loi expreſſe du Prince pour déroger à ce droit commun, & il n'y en a jamais eü en faveur des Gentilshommes demeurans dans les Terres des Seigneurs Hauts-Juſticiers.

Le droit de Juriſdiction des Seigneurs Hauts-Juſticiers ſur les Nobles demeurans dans leurs Terres, n'a jamais reçu aucune atteinte, il eſt auſſi ancien que l'uſage des Fiefs.

On convient que ſous pretexte de l'Edit de François I. de 1536. appellé l'Edit de Cremieux, les Juges Royaux pretendirent s'arroger la connoiſſance des cauſes des Nobles à l'excluſion des Juges des Seigneurs hauts Juſticiers.

Mais par une Declaration ſubſequente du 24. Février 1536. François I. declara qu'il n'avoit point entendu préjudicier aux Juſtices des Seigneurs, qu'il vouloit & entendoit qu'ils exerçaſſent & fiſſent exercer entre toutes ſortes de perſonnes *nobles & plebées*.

Auſſi cet Edit n'avoit-il eſté fait que pour ſervir de reglement entre les Juges Royaux, & nullement pour diminuer les droits de Juriſdictions des Seigneurs hauts Juſticiers, dont les Juges ont perpetuellement connu, & connoiſſent des cauſes des Nobles.

Après la Declaration du 24. Février 1536. donnée en interpretation de l'Edit de Cremieux ; il ne ſeroit pas beſoin de rapporter d'autres autoritez, pour forcer le Preſidial de Bourg, de convenir qu'il ne peut dépoüiller les Seigneurs hauts Juſticiers de la connoiſſance des cauſes des Nobles.

Mais comme cette compagnie affecte de tout nier, & de tout revoquer en doute, & que par une abſurdité ſans exemple, elle comprend dans le nombre des cas royaux, la connoiſſance des cauſes des Nobles : on veut bien lui rappeller quelques autoritez qui ne lui ſeront pas ſuſpectes.

Me. Pierre Guenois qui eſtoit Lieutenant Particulier au Siege Royal d'Iſſoudun en Berry, dans ſa Conference des Ordonnances, page 257. Me. Jean Papon Lieutenant General au Bailliage de Foretz, livre 7. titre 7. de Juriſdiction ; Mr. Pierre Lhommeau Conſeiller en la Senéchauſſée de Saumur, livre 2. des droits Seigneuriaux, page 57. Me. Baquet Avocat du Roy en la Chambre du Treſor à Paris, dans ſon Traité des droits de Juſtice, chapitre 26. no. 10. Ponthanus ſur la Coûtume de Blois ; Monſieur Dargentré Préſident, ſur celle de Bretagne ; & Monſieur Expilly Préſident au Parlement de Grenoble, page 557. chap. 46.

Tous ces Auteurs qui eſtoient des Juges Royaux, & la plûpart du premier ordre, conviennent & atteſtent tous que les Nobles ſont juſticiables des Seigneurs hauts Juſticiers, dans les Terres deſquels ils font leur réſidence.

On croit ici ſurperflus de citer des Arrèts, parce que cela conduiroit trop loin, & que le Preſidial de Bourg eſt le ſeul Tribunal du Royaume qui ait la temerité de vouloir conteſter aux Seigneurs hauts Juſticiers de Breſſe, la connoiſſance des cauſes des Nobles réſidents dans leurs Seigneuries.

On a déja démontré que le Preſidial ne pouvoit point ſe prévaloir des Arrêts de 1611. 1615. & 1695. Celui de 1612. quoique ſurpris ſur une ſimple Requête non-communiquée, n'attribuë point au Preſidial la connoiſſance des cauſes des Nobles, il parle ſeulement que le Preſidial connoîtra de la dation des Tutelles & Curatelles des Nobles ; les autres ne prononcent rien deffinitivement ; ils font outre cela rendus fans connoiffance de caufe, & celui de 1695. juge formellement qu'en reprefentant par les Seigneurs leurs Titres, ils feront maintenus dans les droits à eux concedez par les Actes d'inféodations de leurs Juftices, qui font Loi, les Juftices eftant patrimoniales & hereditaires, & n'étant par confequent pas poffible de donner atteinte aux droits & privileges nommément exprimez dans les Actes d'inféodations, & d'inveftitures.

Il y a lieu d'être furpris de la confiance avec laquelle le Prefidial, a la temerité d'avancer, que par l'inféodation du Comté de Mont-Revel il n'eft accordé aucun Privilege qui lui attribuë la connoiffance des Nobles, & qu'au contraire le Prince fe la referve en ces termes : *Sub eifdem tamen fidelitate, nobilibus & ligiis, ac conditionibus, & cœteris adftrictionibus, ad quas, & quæ pro ipfa baronia montis revelli, & aliis annexis, & annectendis, nobis per prius tenebatur.*

Par cette claufe dont le Prefidial retranche beaucoup de termes, le Prince ne fe referve autre chofe que le reffort, le droit de Souveraineté, l'hommage & la fidelité fur les Nobles, comme il l'avoit fur la Baronie de Mont-Revel, & les autres Seigneuries annexées par l'inféodation & l'érection de la Baronie en Comté.

Or, par les infeodations des autres Terres annexées au Comté, comme Foiffiat, Marboz, & autres ; le Prince n'avoit-il pas precifément accordé & tranfmis à Guillaume de la Baume, & fes fucceffeurs à perpetuité, toute Jurifdiction, *omnimodam jurifdictionem cum exercitio meri, & mixti imperii,* fur toutes fortes de perfonnes de l'un & l'autre fexe nez & à naître, nobles, non nobles, libres, taillables, *in hominibus utriufque fexus, natis & nafcendis, nobilibus, & non nobilibus, liberis taillabilibus ;* la connoiffance de toutes matieres civiles & criminelles, de toutes actions perfonnelles, réelles & mixtes, envers toutes fortes de perfonnes fans aucune referve ni diftinction, & generalement tous les droits & actions qui lui appartenoient avant les infeodations, à quelque titre que ce fut, & de quelque nature qu'ils fuffent, ou qu'ils puffent être prefumez fans aucune referve, *quocumque modo, titulo atque caufa, ad præfens, vel in futurum cenfeantur & cenferi intelligi & nominari poffint fine retentione aliqua,* excepté la Souveraineté, le dernier reffort, la fidelité & l'hommage.

Voilà la même referve que le Prince fait, par l'érection du Comté de Mont-Revel, la fidelité fur les Nobles, l'hommage, la fouveraineté, & le reffort, *fub eifdem tamen, feudo, vaffallagio hommagio, & fidelitate nobilibus, & ligiis fuperioritateque, & refforto.*

Il n'eft donc pas vrai (fauf refpect) de dire que le Prince fe referve la connoiffance des caufes des Nobles, puifqu'au contraire il avoit accordé toute Jurifdiction fur les Nobles, & fur toutes perfonnes fans diftinction, toute fa referve eft la fidelité, le vaffelage, l'hommage, la fouveraineté, & le reffort ; c'eft ce que le Prince repete à chaque inftant ; car après la claufe que l'on vient de rapporter, il ajoûte : ledit Seigneur Comte promet & reconnoît publiquement que nous & nos fucceffeurs, avons eû, & auront à perpetuité la fouveraineté & le reffort. *Idem Comes pollicetur, & publicè recognofcit, nos & noftios hæredes & fucceffores habuiffe, & perpetuo habere debere fuperioritatem ac refformtum ;* voilà tout ce que le Prince s'étoit refervé (comme il le declare) par les precedentes inféodations, & par l'érection du Comté de Mont-Revel ; où l'on ne trouvera pas non plus, que dans les autres inféodations des Terres annexées audit Comté, que le Souverain fe foit refervé aucune Jurifdiction fur les Nobles, non plus que fur les autres excepté la fouveraineté, la fidelité, & le fouverain reffort.

Ainfi la prétention du Prefidial de Bourg de vouloir s'arroger la connoiffance des caufes des Nobles, à l'exclufion des Juges du Comté de Mont-Revel, & du Marquifat de Saint Martin, comme des autres Seigneurs Hauts-Jufticiers de la Province, fe trouve condamnée par toutes les inféodations anciennes de la Maifon de Mont-Revel, de même que par les inféodations pofterieures faites à d'autres Seigneurs, lefquelles inféodations font loi, puifque elles contiennent la volonté du Souverain, qui eft le maître abfolu d'accorder telle Jurifdiction que bon lui femble.

Cette prétention eft auffi une contravention formelle & manifefte au Droit public du Royaume, fuivant lequel, de droit commun, & fans qu'il foit befoin d'une conceffion particuliere par l'inféodation de la Juftice, les Nobles font jufticiables des Seigneurs Hauts-Jufticiers dans les Terres defquels ils font leur refidence.

DEUXIE'ME OBJECTION.

Concernant les matieres possessoires.

Voici un prétendu cas Royal d'une nouvelle fabrique, il est tout à fait moderne & nouveau ; mais il ne fera pas fortune, puisqu'il n'est fondé que sur l'imagination de Messieurs les Officiers du Presidial de Bourg, qui ont la temerité d'avancer que les complaintes pour les possessoires seculiers, ont toûjours été de la connoissance des Juges-Royaux, & Ducaux de la Province de Bresse, à l'exclusion des Juges des Seigneurs.

Pour soûtenir une proposition aussi erronée, & aussi absurde, le Presidial est tombé dans un autre inconvenient, qui est de faire des citations, dont les unes sont absolument infideles, & les autres sont sans application.

Le Presidial cite le Droit Romain, suivant lequel les interdits, *uti possidetis* étoient portez au Tribunal du President de la Province, M. le President Faure dans sa définition 8. Liv. 8. *uti possidetis*, Brodeau sur M. Loüet Lettre B. Sommaire 11. & l'article 159. des Statuts d'Amedé premier Duc de Savoye, suivant lequel le Presidial suppose que la connoissance des possessoires en matiere prophane, fût renvoyée aux Juges Ducaux, *Consilium nostrorum judicum locorum*.

RE'PONSES.

Les Maximes du Droit Romain ne peuvent avoir lieu, que quant à la décision des difficultez qui se presentent sur les matieres possessoires ; mais elles sont sans la moindre application à l'espece presente ; parce que, comme on l'a observé, l'usage des Fiefs ayant été absolument inconnu aux Romains, parmi lesquels il n'y a jamais eû de Justices Seigneuriales ; il est impossible de trouver dans le Droit Romain aucune décision ni d'Empereurs, ni de Jurisconsultes qui attribuent la connoissance des matieres possessoires aux Juges du Prince, privativement à ceux des Seigneurs.

Au surplus pour demontrer que le Presidial fait des citations sans aucun discernement, il n'y a qu'à rapporter la disposition de la Loi 2. au Code *de interdictis* ; cette Loi decide, que le President de la Province ne peut connoître du possessoire qu'entre personnes de la même Province. *Præses Provincias, in eum qui ejusdem Provinciæ non est, nec ex interdicto potest cognoscere.* Il faut être bien sterile, & bien denué de moyens pour faire des citations de cette qualité.

M. le President Faure dans sa définition 8. Liv. 8. ne dit absolument point, ni directement, ni indirectement, ainsi que le Presidial de Bourg a le front de le supposer, que la connoissance des matieres possessoires prophanes, appartient aux Juges du Prince, à l'exclusion de ceux des Seigneurs.

Dans cette définition, Mr. Faure ne dit point devant quels Iuges la connoissance du possessoire prophane doit être porté, parce que cela n'a jamais fait la matiere d'une question, & principalement dans la Bresse, sous la domination dés Ducs de Savoye ; les Iuges des Seigneurs ayant toûjours connus des possessoires non-seulement seculiers, mais ecclesiastiques.

Si Mr. Faure dit que dans la Province, on a toûjours suivi le Droit Romain dans les matieres possessoires ; cela s'entend, & ne pourroit d'ailleurs s'entendre que pour la décision des doutes & difficultez, & du fonds des contestations, & non point pour regler le Tribunal où ces matieres sont portées ; les Romains qui n'avoient point de Iustices Seigneuriales, n'ont pas pû nous en donner la moindre idée, ni encore bien moins faire des reglemens sur l'étenduë du pouvoir des Iuges des Seigneurs ; ce sont les Statuts & les Ordonnances des Souverains qu'il faut consulter la-dessus.

Il n'est pas vrai (sauf respect) comme le Presidial de Bourg a la hardiesse de l'avancer, que par l'article 159. des Statuts de l'an 1430. la connoissance des matieres possessoires ait été renvoyée & attribuée aux Iuges Ducaux, à l'exclusion de ceux des Seigneurs hauts Iusticiers.

Au contraire, par cet article 159. le Prince attribuë precisément la connoissance

du

du poſſeſſoire aux Iuges des lieux où le trouble a eſté fait , & pour convaincre le Preſidial d'infidelité , il eſt bon de rapporter les diſpoſitions de cet article.

Præſenti ſtatuimus edicto quod ubicumque aliquis fuerit ſua poſſeſſione , vi., vel clam ſpoliatus in patriâ noſtrâ , & in loco ſpoliationis ipſa ſpoliatio erit notoria , vel alias alteyo conſiliorum , aut judicum locorum , ubi ipſa ſpoliatio facta eſſe dicetur , tunc ipſe ſpoliatus , ex officio curiæ ad quam pertinebit , ratione locorum , ſeu loci , ſpoliationis debebit reſtitui.

Le Prince ne dit donc point que la connoiſſance du poſſeſſoire appartiendra à ſes Iuges , à l'excluſion de ceux des Seigneurs , & il ne fait point de cette matiere un cas Ducal.

Il veut au contraire que la connoiſſance du trouble appartienne au Iuge du lieu où le trouble aura eſté commis , *aut judicum locorum ubi ipſa ſpoliatio facta eſſe dicetur* , ou aux Iuges des lieux où le trouble aura eſté fait.

Le Prince ne ſe contente pas de dire une fois que la connoiſſance du trouble , appartiendra aux Iuges des lieux ; il ajoûte , lorſque la ſpoliation ; c'eſt-à-dire le trouble ſera notoire , & bien conſtaté par des informations , alors celui qui aura eſté dépoüillé de ſa poſſeſſion ſera réintegré par la Sentence du Tribunal , ou du Iuge à qui la connoiſſance en appartiendra à raiſon des lieux , ou du lieu où la ſpoliation aura eſté commiſe , *tunc ipſe ſpoliatus ex officio curiæ ad quam pertinebit ratione locorum ſeu loci ſpoliationis debebit reſtitui* , & par conſequent la connoiſſance du poſſeſſoire n'a jamais eſté un cas ducal , elle a toûjours appartenu aux Iuges des lieux.

Comment un corps , tel qu'un Preſidial , peut-il s'oublier juſques au point de repandre dans un Memoire public des citations auſſi fauſſes & auſſi infideles.

Si les Statuts de Savoye accordent nommément aux Iuges des Seigneurs , la connoiſſance des matieres poſſeſſoires ; ce droit ne leur eſt pas moins defferé par les Ordonnances , & par la Iuriſprudence des Arrêts , enforte que c'eſt aujourd'hui un droit public du Royaume.

Me. Brodeau ſur M. Louet Lettre B. Sommaire 11. que le Preſidial a cité rapporte des Arrêts qui ont jugé , que la connoiſſance des cauſes poſſeſſoires en matiere Beneficiale , appartient au Juge-Royal privativement au Juge d'Egliſe , lequel n'en peut connoître , parce que le Juge d'Egliſe n'a aucun Territoire , qu'il ne peut pas uſer de la force des Loix , & qu'il eſt obligé d'implorer l'aſſiſtance du bras ſeculier.

La connoiſſance de ces ſortes de matieres a pareillement été attribuée aux Juges-Royaux , à l'excluſion de ceux des Seigneurs , par la raiſon que le Roi a ſeul la protection des Benefices ; & Brodeau rapporte differents Arrêts qui ont ainſi jugé , & qui ont fait deffenſes aux Juges des Seigneurs de connoître des complaintes en matiere Beneficiale.

Mais Brodeau remarque en même tems qu'il faut excepter les Benefices qui ſont à la collation pleniere , & pure & ſimple des Seigneurs Hauts-Juſticiers , deſquels leurs Juges ont droit de connoître , non-ſeulement pour le poſſeſſoire , mais pour le petitoire , ainſi qu'il a été jugé par deux Arrêts ſolemnels en forme de reglement ; le premier , en datte du 21. Juin 1614. au profit des Officiers du Duché de Montpenſier ; & le ſecond , du 30. Janvier 1627. au profit des Officiers de Laval.

Quant aux complaintes en matiere prophane , on convient que pendant quelque tems les Juges-Royaux qui , comme l'a remarqué Dumoulin ſur l'article 81. de la Coûtume d'Anjou , tâchent d'attirer tout à eux , ont voulu s'arroger la connoiſſance de ces matieres poſſeſſoires , en diſant que c'eſt au Roy & à ſes Officiers de conſerver chacun dans ſa poſſeſſion , ce qui a donné lieu à quelques anciens Arrêts , mais en fort petit nombre , qui ont jugé que les Juges-Royaux avoient droit de prevention contre les Juges ſubalternes , qui de tout tems ont eû droit de connoître des complaintes en matiere prophane.

Mais aujourd'hui comme le remarque Brodeau No. 15. la Juriſprudence eſt certaine que les Juges des Seigneurs hauts Juſticiers ſont en droit de connoître des complaintes entre leurs juſticiables dans les matieres prophanes , ainſi que cela a eſté jugé par une multitude infinie d'Arreſts , dont on ſe contentera pour ne pas s'étendre au-delà des bornes d'en citer deux , le premier du 31. Juillet 1628. au profit des Officiers de M. le Maréchal de Châtillon contre le Lieutenant General du Bailliage de Montargis , & le ſecond du 10. Decembre 1642. par lequel il fut dit qu'il avoit eſté mal , nullement &

H

incompetamment jugé par le Sénéchal du Poitou ou son Lieutenant à Poitiers , qui avoit denié le renvoy, attendu qu'il étoit question d'une complainte , & en émandant la cause , & les Parties furent renvoïées pardevant le Juge du Vaux Saint Denys.

Enfin ce prétendu droit de prevention que les Juges Royaux avoient voulu s'arroger contre les Juges des Seigneurs a esté éteint , & condamné ainsi que le remarquent Thevenau dans son Commentaire sur les Ordonnances, Loyseau dans son Traité des Seigneuries & des differents touchant les cas Royaux , Bacquet dans son Traité des droits de Justice, Fontanon dans sa Conference des Ordonnances, & generalement tous les Auteurs modernes qui ont écrit sur cette matiere.

Loyseau parlant de cette prevention que les Juges Royaux avoient voulu introduire dit qu'elle étoit plûtôt par routine que par raison , & qu'elle étoit contraire aux Ordonnances qui deffendent de traire les justiciables des Seigneurs pardevant les Juges Royaux.

On voit donc que de tout-tems les Juges des Seigneurs ont eu droit de connoître des Complaintes en matieres prophanes , & que les Juges Royaux, n'ont eu qu'une prétenduë prevention ; mais lorsque le renvoy étoit demandé sur tout avant la contestation en cause ils étoient obligez de le prononcer.

Pontanus sur l'article 11. de la Coûtume de Blois , nous apprend que les justiciables des Seigneurs ne peuvent estre traduits devant d'autres Juges , même de leur propre consentement ; *Unde sequitur , ut cum omnes apud nos Jurisdictiones feudales sint & in feudum concessæ , non possit superior , in prejudicium vassallorum usurpare Jurisdictionem in illorum subditos quare nec subditi coram aliis litigando aliorum Jurisdictionem in prejudicium Domini prorogare poterunt ;* cet Autheur cite ensuite les Ordonnances du Roy Loüis IX. de Philippes VI. & du Roy Jean qui deffendent d'attirer les justiciables des Seigneurs devant lesdits Juges Royaux , *clarissimi Gallorum Reges sanxerunt ne Baronum subditi quibus justitiæ jus competit ad alia regia judicia , nisi ex causa ressortus , seu appellationis traherentur , sed coram suis judicibus convenirentur ,* & cet Autheur finit en disant que les Juges Royaux ou Superieurs n'ont aucune prevention sur les Jurisdictions des Seigneurs , *cum hodie in hoc nostro regno Jurisdictiones , omnino sint vassallis in feudum concessa excepta causa ressortus qua ad regios judices devoluitur Superiores , nullam in vassallorum territoriis & Jurisdictionibus preventionem habere.*

Dans ces circostances le Présidial de Bourg peut d'autant moins prétendre s'arroger la connoissance des complaintes en matieres prophanes au préjudice des Juges , & Officiers du Comté de Mont-Revel , & du Marquisat de Saint Martin de même que des autres Seigneurs hauts Justiciers de la Bresse, que outre que suivant le droit Public du Royaume les Juges des Seigneurs sont en droit de connoître de pareilles matieres , les Seigneurs hauts Justiciers de la Province de Bresse sont fondez dans un droit qui leur est particulier , & qui leur a esté accordé par les anciens Comtes & Ducs de Savoye non-seulement par les infeodations de leurs Justices & Seigneuries qui comprennent toutes sortes de causes, affaires & matieres sans reserve, ni distinction ; mais par les Statuts des Souverains de Savoye , & notamment par les Statuts de l'an 1430. par lesquels Amedé premier Duc de Savoye dans l'article 159. attribue nommement la connoissance des complaintes aux Juges des lieux , où le trouble se trouvera avoir esté commis.

Par la reunion de la Bresse à la Couronne , & par l'Edit du Roy Henry le Grand du mois de Novembre 1601. duëment enregistré au Parlement de Dijon , les Seigneurs hauts-Justiciers , des Terres de marque , & de dignitez ont esté maintenus , & gardez dans tous leurs droits de Justice, pouvoirs, prerogatives & autoritez , & dans la connoissance de toutes les affaires, & matieres qui leur avoient esté concedées, & enfin par les Lettres Patentes obtenuës par Ferdinand de la Baume Comte de Mont-Revel du feu Roy Loüis XIV. en 1654. & par celles précedamment obtenuës par Jean de la Baume Comte de Mont-Revel tous deux Gouverneurs de la Province des Rois François I. & Henry II. en 1540. & 1547. les Comtes de Mont-Revel ont esté maintenus & gardez dans leurs droits de Justice, Privileges , prééminences , & prérogatives.

Ainsi la prétention du Présidial de Bourg se trouve également proscritte , & condamnée par les Titres de la Maison de Mont-Revel par les Statuts des anciens Comtes & Ducs de Savoye, & par le droit public du Royaume.

TROISIE'ME OBJECTION.

Concernant les Contrats passez pardevant les Notaires Royaux.

On retranche ici l'Histoire que le Presidial fait au sujet des differents Notaires Imperiaux & Apostoliques, qu'il dit avoir été autrefois en Bresse, cela étant inutile & étranger; il ne s'agit ici que des Notaires Royaux, & de sçavoir si les Juges des Seigneurs Hauts-Justiciers, ne sont pas en droit de connoître des actions procedantes de semblables Contrats.

Le Presidial après avoir cité le Chapitre 17. du Liv. 3. des Statuts de 1430. dit, qu'après que par la Paix de 1559. le Duc Emanuel Philibert eût recouvert ses Etats, les Notaires s'appelloient alors Notaires Ducaux, & que l'on conserva le prétendu, ou pour mieux dire, faux usage de porter les actions & les executions de leurs Contrats pardevant les Juges Ducaux, aux noms desquels on donnoit des Commissions qu'on nommoit Lettres de Main-garnie, lequel usage est venu jusqu'à nous, & on continue actuellement de prendre des Lettres de Main-garnie au nom du Bailly pour l'execution des Contrats obligatoires, & que cet usage se trouve énoncé dans les Ouvrages de Mᵉ. Charles Revel sur les Statuts de la Province, où il dit dans sa Question troisiéme, qu'il faut prendre sur une obligation reçûë par un Notaire Royal une Commission legitime pour faire saisir contre son debiteur, qu'ensuite expliquant cette Commission legitime, il dit qu'il faut se munir de Lettres de Main-garnie au Greffe du Bailliage, & non au Greffe de la Justice subalterne, quand même le creancier & le debiteur seroient de la Jurisdiction du Seigneur.

RE'PONSES.

Il n'est point vrai (sauf respect) que le Duc Amedé par ses Statuts de l'an 1430. ait attribué à ses Juges Ducaux la connoissance des differents que pouvoient produire les Contrats passez pardevant les Notaires Ducaux, le chapitre ou l'article 17. de ces Statuts, n'en dit pas un seul mot, c'est un nouveau mensonge de la part du Presidial.

2°. Ni avant, ni depuis le Duc Amedé, jusques à la réünion de la Bresse à la Couronne, on ne trouvera aucuns Statuts, ni aucuns Edits d'aucuns Souverains de Savoye, qui ayent attribué à leurs Juges la connoissance des actions procedantes des Contrats passez pardevant les Notaires Ducaux, à l'exclusion des Juges des Seigneurs Hauts-Justiciers.

3°. Comment les Comtes, & Ducs de Savoye auroient-ils attribué un pareil privilege à leurs Juges Ducaux ? puisque par toutes les inféodations de la Maison de Mont-Revel, ils ont concedé la plaine & entiere Jurisdiction, & la connoissance de toutes matieres & affaires, & de toutes actions réelles, personnelles, mixtes, & autres de quelque cause & de quelque titre qu'elles pussent être émanées, *Ex quacumque causâ & quocumque titulo, sine rentione aliquâ*, ce qui demontre l'absurdité de la proposition du Presidial, que le titre d'inféodation du Comté de Mont-Revel n'attribuë aucun privilege pour connoître des executions des Contrats.

4°. Par toutes les inféodations faites depuis celles du Comté de Mont-Revel, & des Seigneuries qui en dependent, en faveur d'autres Seigneurs; les Ducs de Savoye ont de même accordé la Jurisdiction universelle, & la connoissance generale de toutes causes, matieres, & actions, de quelque cause, & de quelques titres qu'elles pussent proceder sans distinction.

L'usage de prendre des Lettres de Main-garnie au Greffe du Bailliage, à l'exclusion des Juges des Seigneurs, pour pouvoir faire saisir en vertu d'un Contrat reçû par un Notaire Royal, n'a été introduit que par le Presidial, qui a imaginé ce stratagême pour dépoüiller les Juges des Seigneurs de la connoissance qui leur appartient de droit des actions & contestations qui naissent de ces sortes de Contrats.

Mᵉ. Charles Revel que le Presidial cite, rend un témoignage authentique de l'entreprise du Presidial. Dans sa Remarque 5. page 12. il dit qu'il faut que la saisie soit precedée d'un commandement; mais pour que le commandement soit valable, il faut qu'il soit fait en vertu d'une Commission légitime; c'est-à-dire prise du Juge qui ait eû pouvoir de la donner; par exemple, de la Cour qui a rendu l'Arrêt, du Juge-Royal pour

l'execution d'un Contrat obligatoire, du moins ü les Parties font de diverses Jurifdictions.

Enfuite Mᵉ. Revel qui n'ofoit pas s'expliquer ouvertement ajoûte, la Province a
bien befoin d'un Arrêt folemnel, parce que les Juges Prefidiaux caffent toutes les fubhaftations faites fur Lettres de Mains-garnies prifes autre part qu'en leurs Greffes,
ce qui fait de gros frais aux Parties, & qui demande un Reglement.

On voit donc que c'eft le Prefidial qui eft l'auteur du mauvais ufage qu'il cite, &
qu'il s'eft donné la liberté d'introduire pour augmenter fa Jurifdiction des dépoüilles
de celles des Seigneurs. Mᵉ. Revel ne dit point ici que les Lettres de Main-garnie ne fe
peuvent pas prendre dans les Greffes des Juges des Seigneurs, & que le Juge-Royal eft
feul en droit d'accorder ces Lettres de Main-garnie ; il ne dit qu'il faut prendre les Lettres de Main-garnie, ou la Commiffion du Juge-Royal, que parce le Prefidial fe préva-
lant & abufant de fon autorité, fe donnoit la liberté de caffer toutes les fubhaftations
faites fur Lettres de Main-garnie prifes autres part qu'en leur Greffe ; & comme il con-
damnoit l'entreprife du Prefidial, & l'autorité defpotique dont il ufoit, il n'a pû s'empêcher de dire, quoi qu'il n'ofa pas s'expliquer ouvertement, que la Province avoit
grand befoin d'un Arrêt de reglement, comme de fait elle en a befoin d'un pour reprimer les entreprifes & les ufurpations du Prefidial.

Dans fa Queftion 3. page 317. Mᵉ. Revel dit que le 3. Avril 1664. un particulier ha-
bitant de Villars, créancier par obligation d'un autre particulier du même lieu, d'une
fomme de 22 liv. ayant pris des Lettres de Main-garnie du Juge du lieu, fit faifir deux
Vaches fur fon debiteur, qui recourut au Lieutenant General du Prefidial, lequel declara nulle & caffa ladite execution avec dépens, dommages, interêts ; & voilà ce qui
a donné occafion à Mˢ. Revel d'avertir qu'il falloit prendre des Lettres de Main-garnie au Greffe du Bailliage, parce qu'autrement le Prefidial caffoit toutes les faifies, &
executions ; il ne dit pas, & n'avoit garde de dire que la Juftice Royale fût feule en
droit d'accorder des Commiffions pour faifir en vertu d'une obligation, il ne fait qu'inf-
truire le public de la manœuvre imaginée par le Prefidial pour dépoüiller les Juftices
des Seigneurs ; & quoique en qualité de Doyen des Avocats du Siege, il n'ofa pas de-
clamer publiquement contre fes Juges ; il ne peut néanmoins s'empêcher de témoigner
que c'eft une nouveauté, & une entreprife du Prefidial très-judiciable aux Sujets du
Roi jufticiables des Seigneurs ; c'eft pourquoi dans la Remarque 5. page 12. il dit en
ces termes : *Ce qui fait de gros frais aux Parties, & demande un reglement ;* donc que
c'eft le Prefidial, qui abufant de fon autorité, a introduit le mauvais ufage dont il parle, en forçant contre le droit commun les jufticiables des Seigneurs de prendre des Lettres de Main-garnie au Greffe de leur Siege, ce qui eft une veritable oppreffion, comme l'a remarqué Mᵉ. Chenu titre 42. des Juftices non Royales : de pareilles fubtilitez
(dit-il) font contre tout droit, & font grandement à la foule du peuple.

On a ci-devant obfervé que jamais les Souverains de Savoye n'avoient attribué à
à leurs Juges, à l'exclufion de ceux des Seigneurs, les actions, & les executions des
Contrats reçûs par les Notaires Ducaux.

Pendant que la Breffe a efté fous la domination des Ducs de Savoye, les Juges des
Seigneurs ont toûjours efté dans le droit & la poffeffion de donner des Commiffions pour
faire faifir en vertu des Contrats & Obligations, reçûs par les Notaires du Prince, &
les Lettres appellées de main garnie, s'obtenoient dans les Greffes des Juftices Seigneuriales ; en voici une preuve & un témoignage autentique que le Prefidial de
Bourg ne pourra pas contefter.

C'eft Monfieur Faure qui avoit efté Juge-Mage à Bourg avant la réunion de la Breffe à la Couronne, & qui depuis la réunion, fut fait Prefident du Senat de Chambery.

Ce Magiftrat que l'on peut mettre au nombre des plus celebres Jurifconfultes ,
nous apprend dans fa Définition premiere, liv. 7. tit. 15. que les Juges des Seigneurs
hauts Jufticiers de la Province, également comme ceux qui exercent la Jurifdiction
du Prince, ont le droit de donner des Lettres de main garnie fur les Contrats & Obligations : *Judicum omnium, tam qui Principis, quamqui inferiorum Vaſſallorum Jurifdictionem exercent, communne jus illud eft, ut creditoribus, folutionem perfequentibus,
ex inftrumento authentico, & ut loquuntur Guarentigiato, precifas litteras quas manus
munitæ vocant concedere poſſint, quarum poteftate cogatur debitor creditori folvere.*

Co

Ce Magiſtrat donne donc un démenti formel au Preſidial de Bourg, lorſqu'il a la temerité de ſuppoſer contre verité, comme il fait dans ſon Memoire, que ſous les Souverains de Savoye, les actions & les executions des Contrats, étoient portées pardevant les Juges Ducaux, aux noms deſquels on donnoit des Commiſſions que l'on appelle des Lettres de Main garnie.

Dans nos mœurs le Scel Royal n'eſt point attributif de Juriſdiction, il n'y a que le Scel du Châtelet de Paris, celui de Montpellier, & celui de Brie en Champagne, qui par des privileges particuliers ſoient attributifs de Juriſdiction.

Mᵉ. Baquet dans ſon Traité des Droits de Juſtice, chap. 8. dit, que quoique les Obligations ſoient paſſées ſous le Scel Royal, & que les parties contractantes ſe ſoient ou generalement, ou ſpecialement ſoumis à la Juriſdiction du Juge Royal, ſous le Scel duquel l'Obligation a eſté paſſée ; toutefois le Juge Royal ſous ombre de ladite ſoumiſſion ne peut pas connoître des cauſes & procès qui ſont mûs, à cauſes deſdits Contrats & Obligations ſi les parties ne ſont ſes juſticiables en premiere inſtance ; enſorte que le créancier nonobſtant la ſoumiſſion generale ou ſpeciale, eſt tenu de faire la pourſuite de ſa dette pardevant le Juge & la Juſtice duquel le debiteur eſt demeurant, parce que en France en Action ~~generalle~~, le Demandeur eſt tenu de ſuivre le domicile du Deffendeur, & le pourſuivre pardevant ſon Juge naturel & domiciliaire, ſans avoir égard au lieu où l'Obligation a eſté paſſée, & à la ſoumiſſion generale ou ſpeciale portée par icelle, cet Auteur ajoûte enſuite que telles ſoumiſſions ne peuvent aucunement préjudicier aux Seigneurs, ayant Juſtice haute, moyenne & baſſe en ce Royaume.

M. Lhommeau qui eſtoit Conſeiller en la Senéchauſſée de Saumur, dans ſes Maximes generalles du Droit François, dit pareillement que les ſoumiſſions generales & ſpeciales que des juſticiables des Seigneurs pourroient faire par des Contrats & Obligations paſſées ſous le Scel Royal, ne peuvent point préjudicier à la Juſtice des Seigneurs, qui fait partie de leurs fiefs, & que ſi les Juges Royaux avoient ſeuls la connoiſſance des Contrats & Obligations paſſées ſous le Scel Royal, les Seigneurs de fiefs perdroient la plus grande partie de leurs Juriſdictions, ce qui ne ſe peut pas, parce que les fiefs ſont patrimoniaux & hereditaires, ainſi que la Juſtice annexée auſdits fiefs en fait partie ; lequel droit de Juſtice, eſt reputé vrai heritage comme les autres biens, que chacun a de ſon patrimoine ; de ſorte, continuë cet Auteur, que l'on ne peut ôter la Juſtice aux Seigneurs ſans leur ôter leurs fiefs, ce que le Roi ne peut faire, quoique toutes les Juſtice procedent de lui.

M. Guy Coquille, à qui par excellence on a donné l'éloge *de judicieux* ; dans ſon Inſtitution au Droit François ſe récrie infiniment contre les entrepriſes que les Juges Royaux font ſur les Juriſdictions des Seigneurs ; qu'il dit de même que tous les Auteurs être patrimoniales & hereditaires & reputées vraye heritage, ainſi que les autres biens que chacun a de ſon patrimoine, & dont par conſequent il n'eſt pas permis de dépoüiller les Seigneurs en tout ni pour la moindre partie.

Cet Auteur pour confondre les Juges Royaux, qui s'efforcent de repandre de fauſſes idées pour rendre, s'il étoit poſſible, mépriſables les Juſtices des Seigneurs, afin de les mieux affoiblir, ajoûte *aucuns* s'abuſent, diſant que le Roi ſeul a fiſc, & que le droit de fiſc eſt inſeparable de la Couronne. Le Roi (dit-il) de vrai, a ſeul le vrai droit de fiſc foncier & direct ; mais les Seigneurs le tiennent en Fief de lui, & comme Procureurs de lui, exerçant le droit de fiſc utilement, & en prennent les profits ; pour raiſon de quoi ils font ſervice au Roi de leurs perſonnes.

Une obſervation qui n'eſt pas indifferente en cet endroit, pour demontrer de plus en plus combien la prétention du Preſidial au ſujet des Contrats paſſez pardevant les Notaires Royaux eſt extraordinaire, eſt que dans la Breſſe il n'y a point de ſcel pour les Contrats, ainſi que l'a remarqué Mᵉ. Revel Queſtion 13. page 441.

Enfin le propre Arrêt du mois de Juillet 1615. que le Preſidial a fait rendre par Forcluſion, contre les Seigneurs Hauts-Juſticiers, condamne leur prétention ; puiſqu'il ordonne que leurs Juges connoîtront des Contrats paſſez pardevant les Notaires Royaux entre leurs juſticiables.

Comme cet Arrêt a été rendu ſans connoiſſance de cauſe, puiſqu'il n'a point été rendu ſur les Titres des Seigneurs ; il porte que leurs Juges connoîtroit des actions procedantes des Contrats paſſez devant les Notaires Royaux entre leurs juſticiables leu-

I

lement, au lieu qu'il auroit dû ordonner, comme il fera ordonné par l'Arrêt de reglement qui va intervenir, que les Juges des Seigneurs connoîtront des actions procedantes des Contrats, lorsque les Parties, ou le Défendeur, seront leurs justiciables, ce qui
est de droit commun ; parce que, comme on l'a observé en France, en matiere d'actions
personnelles, le Demandeur est obligé de suivre le domicile du Défendeur, & le poursuivre pardevant son Juge naturel & domiciliaire, ce qui est pareillement conforme au
Droit Romain, *Actor sequitur forum Rei*.

L'Arrêt de reglement qui interviendra, condamnera aussi le prétendu usage, ou la
prétention inoüie & injuste du Presidial, que l'on doit sur tous les Contrats, prendre au
Greffe de leur Siege une commission, *ou des Lettres de Main-garnie*, puisque cette prétention n'est fondée que sur la propre liberté que le Presidial se donne par une autorité
abusive, & despotique, de casser, & d'annuller toutes les saisies, qui ne sont pas faites
en vertu de Commissions, ou Lettres de Main-garnie prises au Greffe de leur Siege,
comme si des Juges inferieurs pouvoient se donner la liberté de faire des reglemens, &
d'introduire des droits nouveaux.

Une pareille prétention seroit une oppression manifeste des Sujets du Roi justiciables des Seigneurs, qui merite certainement d'être reprimée, comme elle le sera, ce
qui ne peut souffrir aucune difficulté.

DERNIERE OBJECTION DU PRESIDIAL.

Concernant les discussions.

Le Presidial de Bourg prétend que dans le nombre des cas Royaux, on y doit comprendre les discussions generales, parce que suivant son systême, on doit appeller cas
Royaux, non-seulement ceux qui concernent le Roi & sa Couronne ; mais encore ceux
qui regardent l'ordre general, & le bien public.

Mais comme le Presidial reconnoît parfaitement l'absurdité de sa proposition, il se
retranche dans la maxime qu'il a puisée dans le sieur Granet son Maître, que le Roy
est par ses Officiers de Provinces seul juge ordinaire de toutes les Jurisdictions des Juges
ordinaires : *Cum Rex solus sit ordinarius communis, & supremus judex reliquorum omnium juridicorum, & judicum ordinariorum.*

Ensuite le Presidial rapporte des exemples de differentes discussions qu'il a usurpées
sur les Justices des Seigneurs.

REPONSES.

En matiere de discussions il ne faut considerer que le domicile de la personne que
l'on discute, *domicilium spectandum est* ; car que l'on regarde la discussion comme action personnelle, réelle, ou mixte, elle est necessairement de la competence des Juges
des Seigneurs de Bresse, qui par leurs inféodations ont la connoissance de toutes actions
personnelles, réelles & mixtes, & generalement de toutes actions, causes, affaires, &
matieres sans reserve, ni distinction, quelle qu'elle puisse être.

Si les Seigneurs ont droit de Justice sur les personnes de leurs Vassaux, ils l'ont à
plus forte raison sur leurs biens, la personne étant plus noble que les biens, & la personne comme la plus noble, attirant necessairement les biens qui ne sont qu'un accessoire.

Ce qui constituë la Jurisdiction est le domicile du Défendeur, suivant la maxime
generale du Royaume & du Droit Romain, *actor sequitur forum Rei*.

Lorsque la personne dont on discute les biens est decedée, c'est le Juge du domicile
où la succession est ouverte, qui est Juge de la discussion dont il est saisi de plein droit,
la diversité & le nombre des opposans qui peuvent survenir, ne peuvent point dépoüiller le Juge qui est saisi de droit de la discussion, quand son Justiciable est decedé, ou
qu'il a abandonné ses biens.

Les oppositions qui surviennent ne sont qu'une suite & un accessoire de l'Instance
principale ; enforte que le Juge qui est saisi de l'Instance principale, l'est aussi par une
consequence indispensable de l'accessoire ; car l'accident ne peut pas attirer la substan-
ce, ni l'accessoire changer la nature du principal. *Pertinet enim ad officium judicis qui*

de principali causâ cognoscit , universam incidentem quæstionem qua in judicium devoca-
re examinare ; c'est la disposition de la Loi premiere au Code *de ordine judiciorum ,* &
de la Loi trois *de judiciis.*

Le Presidial de Bourg convient que les Juges des Seigneurs connoissent , & ont droit
de connoître des subhastations qui sont une vente judicielle de quelques fonds particuliers d'un debiteur ; pourquoi ne connoîtront-ils pas de même des discussions, puisque
leur plus grande difference consiste en ce que les discussions purgent les hypoteques, &
que les subhastations ne les purgent pas.

Or, on ne croit pas que le Presidial veüille pousser la témerité jusqu'à avancer que
les Juges des Seigneurs ne peuvent pas purger les hypoteques ; en tout cas, s'il poussoit
les choses jusqu'à cette extremité, il seroit bien facile de le confondre, parce que l'hypo-
teque n'est qu'un engagement que tout Juge est en droit de le faire cesser & de l'étein-
dre, comme il est en droit de faire vendre, & de faire payer.

Le droit des Seigneurs Hauts-Justiciers de connoître des discussions de leurs justiciables, & lorsque la plus considerable partie de leurs biens sont situées dans l'étenduë de
leurs Justices, ne sçauroit non plus leur être contesté que leur droit de Justice, surtout
lorsque l'on fait attention que par leurs inféodations, le Souverain leur a universelle-
ment tout accordé sans autre reserve que la souveraineté & le ressort.

Aussi le Presidial de Bourg ne conteste-t'il pas le droit des Seigneurs Hauts-Justiciers
en lui-même, qui leur est concedé par les inféodations de leurs Justices, il ne prétend
dépoüiller les Seigneurs Hauts-Justiciers de la connoissance des discussions, que parce
qu'il lui plaît de comprendre les discussions dans le nombre des cas Royaux. 2°. Parce
qu'il se qualifie Juge ordinaire de toutes les Jurisdictions des Juges ordinaires. 3°. Parce
qu'il voudroit se faire un titre de ses usurpations ; il faut examiner sommairement chacun de ces trois pretextes en particulier, on commence par le dernier.

Le Presidial cite plusieurs exemples de discussions, dont il s'est emparé au préjudice
des Seigneurs Hauts-Justiciers, dont quatre appartenoient à la Justice du Comté de
Mont-Revel.

Ces usurpations ne peuvent pas faire un titre au Presidial, ni être tirées à consequence, non-seulement parce que le Presidial s'est emparé de la connoissance de ces discussions par force & par autorité, en abusant ouvertement du pouvoir que le Roy lui a
confié ; mais parce que c'est une maxime incontestable en matiere de Fiefs que le Seigneur ne prescrit point contre son Vassal, ni le Vassal contre son Seigneur.

Outre cela, les usurpations du Presidial, & sa pretention de dépoüiller indûëment
les Seigneurs hauts Justiciers de la connoissance des discutions , ont esté condamnées
par plusieurs Arrèts, dont on se contentera de rappeller ici quelques-uns. Le premier
rendu au Parlement de Dijon le 11. Aoust 1625. entre les Officiers du Presidial , &
Monsieur le Comte de Mont-Revel, prenant le fait & cause pour son Procureur d'office , par lequel la Cour renvoya la discution du nommé Midan, Bourgeois de Marboz , aux Officiers de Monsieur le Comte de Mont-Revel. Le second du 27. Juin
1635. obtenu par Monsieur le Marquis de Bagé. Un troisiéme du 16. Mars 1679. pour
la Justice de Poncin. Un quatriéme du mois de Février 1687. par lequel le Parlement
de Dijon renvoya pardevant le Juge de Châtillon-les-Dombes, une discution qui avoit
esté introduite au Presidial de Bourg, & une infinité d'autres Arrèts que l'on se reserve de rapporter au Conseil, ainsi que beaucoup de circonstances & de moyens particuliers, qui auroient ici conduit trop loin.

On ajoûtera ici que la pretention exhorbitante du Presidial, n'interesse pas seulement les Seigneurs hauts Justiciers, que l'on veut dépoüiller d'un droit considerable
de leurs Jurisdictions ; mais qu'elle interesse infiniment les Sujets du Roy, justiciables
des Seigneurs, parce que comme l'ont remarqué Chenu, Loyseau, Baquet, Coquille,
& generalement tous les Auteurs qui ont traité ces sortes de matieres ; les entreprises
injustes des Juges Royaux, qui cherchent tous les jours de nouveaux pretextes , &
des occasions colorées, pour attirer tout à eux, sont grandement à la foule des justiciables des Seigneurs, attendu que dans les sieges Royaux les frais triplent, quadru-
plent, & beaucoup au-delà , & ce qui est très important ici à remarquer, est que dans
les discutions qui sont portées au Bailliage & Siege Presidial de Bourg ; le Rapporteur
outre les Epices, prend les deux sols pour livre, au grand prejudice des créanciers,
ce qui est une exaction contre laquelle M^r. Revel n'a pas pû se dispenser de se recrier

dans ſa Remarque 31°. page 116. Voici comme il s'explique : *Et l'autre abus eſt que Monſieur le Commiſſaire prend les deux ſols pour livres des ſommes qu'il liquide , outre les Epices , & le Greffier oblige la partie de retirer un extrait ou verbal de ladite liquidation à gros frais , ce qui mange le pauvre creancier;* En voici un exemple recent, & tout à fait criant dans la diſcution des biens de feu M°. Branger, Juge du Comté de Mont-Revel, dont le Preſidial s'empara de force & d'autorité, au prejudice des Officiers de la Juſtice du Comté de Mont Revel, à qui la connoiſſance de cette diſcution appartenoit de droit.

Les frais de cette diſcution ont eſté ſi exceſſifs, que la veuve a perdu ſa dot, ſes repriſes & ſes conventions matrimoniales, & la meilleure partie des créanciers la totalité de leurs créances , ce qui ne ſeroit point arrivé ſi cette diſcution s'eſtoit faite comme elle auroit dû en la Juſtice de Mont-Revel, où les frais ne ſe ſeroient pas montez à la dixiéme partie; voilà le prejudice énorme que les juſticiables des Seigneurs ſouffrent d'être diſtraits de la Juriſdiction de leurs Juges naturels.

Venons preſentement au ſecond pretexte, dont le Preſidial de Bourg ſe ſert pour dépoüiller les Juges des Seigneurs , de la connoiſſance des diſcutions ; lequel pretexte conſiſte à dire que le Roy par ſes Officiers de Province, eſt ſeul Juge ordinaire de toutes les Juriſdictions des Juges ordinaires.

1°. Suivant toutes les inféodations faites par les anciens Comtes & Ducs de Savoye, les Juſtices des Seigneurs ſont entierement diſtinctes de la Juſtice ordinaire du Prince , qui comme on l'a déja obſervé, n'a jamais eû aucune ſuperiorité, ni la moindre Juriſdiction ſur les Juſtices des Seigneurs ; c'eſt-à-dire, des Seigneurs des Terres de marque & de dignitez.

M. Faure qui a eſté ſi long-tems Juge Ducal à Bourg , & qui depuis la réünion de la Breſſe à la Couronne, fut fait Preſident du Senat de Chambery, nous atteſte cette verité dans ſa Définition premiere, liv. 7. tit. 15. Voici comme il s'explique: *Habent enim apud nos vaſſali fere omnes juriſdictionem propriam, a juriſdictione principis, ex infeudationibus, aut antiquis, aut novis, penitus diſtinctam, licet a principe tanquam a fonte ſuo proſſectam.* Dans la Breſſe & dans les Etats de Savoye, les Vaſſaux en vertu de leurs inféodations anciennes ou nouvelles, ont une Juriſdiction qui leur eſt entierement propre , & qui eſt totalement diſtincte de la Juſtice du Prince , quoique le Droit de Juriſdiction leur ait eſté concedé par le Prince , comme eſtant la ſource & le principe de toute Juſtice & de toute Juriſdiction ; enſuite ce celebre Auteur ajoûte , *Solus Senatus habet juriſdictionem Superioritatis contentioſam,* il n'y a que le Senat qui ait la Juriſdiction de ſuperiorité , parce que les Juges Ducaux, ou Juges ordinaires, n'avoient aucune juriſdiction ni aucune autorité ſur les Juſtices des Terres de marque & de dignitez.

Ce grand Magiſtrat, quoique Juge du Prince, ne ſe qualifie pas de ſeul Juge ordinaire de toutes les Juriſdictions ordinaires; il convient au contraire, que les Juges ordinaires du Prince , n'avoient aucune juriſdiction ſur les Juſtices des Seigneurs des Terres de marque & de dignitez , parce que par les inféodations anciennes & nouvelles, le Prince n'avoit point ſoumis les Juſtices des Seigneurs à la juriſdiction de ſes Juges ordinaires ; le Prince ne s'étoit reſervé que la ſouveraineté & le dernier reſſort ; ce Magiſtrat apprend au Preſidial de Bourg, combien l'on doit reſpecter les conceſſions émanées de l'autorité ſouveraine , & que l'on les doit regarder comme des Loix invariables.

En ſecond lieu , ſuivant nos mœurs, & les maximes generales du Royaume, ce que l'on entend par la ſouveraineté & ſuperiorité univerſelle du Roi, ſur toutes les Juſtices du Royaume, eſt que toutes les Juſtices procedent de luy, & originairement eſtoient de ſa Juſtice primitive, mais les ayent aliené & concedé , elles ne ſont plus à luy.

Il en eſt de la ſuperiorité univerſelle, que le Roi a ſur toutes les Juſtices de ſon Royaume, comme de la Seigneurie directe & univerſelle, qu'il a ſur les biens de ſes Sujets , *Principis omnia ſunt imperio, non Dominio;* il a la ſouveraineté, mais non pas la proprieté des biens : de même le Roy en vertu de ſa ſuperiorité univerſelle ſur toutes les Juſtices de ſon Royaume, comme procedantes de lui, ne pretend pas exercer la Juſtice primitive qu'il a accordé à ſes Sujets , *que ipſis eſt in fratio.*

En un mot , la maxime generale & le droit public du Royaume, eſt que le Roi ayant
concedé

concedé une Justice & un Territoire aux Seigneurs, il a distrait & démembré ce Territoire de la Justice primitive de la Province.

Il faut donc que le Presidial de Bourg cesse de se donner la liberté de dire, que les discutions doivent être portées aux premiers Officiers de la Province, suivant la maxime qu'il oppose, que le Roi est par ses Officiers de Province, seul Juge ordinaire de toutes les Jurisdictions ordinaires, parce que le Roy ayant aliené & concedé sa Justice primitive; il ne pretend pas que ses Officiers l'exercent au prejudice des Juges des Seigneurs, sur lesquels il leur est étroitement Deffendu par une multitude innombrable d'Ordonnances de rien entreprendre; les Juges des Seigneurs sont dans leurs Territoires seuls Juges ordinaires, les Ordonnances le decident ainsi; les Juges Royaux ne sont point Juges ordinaires, & ne sont point qualifiés tels par les Ordonnances, qui leur deffendent expressément de traduire les justiciables des Seigneurs pardevant eux.

Enfin, le Presidial pour dépoüiller les Justices des Seigneurs d'un des plus considerables droits de leurs Justices, veut que l'on comprenne les discutions dans le nombre des cas royaux, ce qui est la plus insigne de toutes les erreurs.

En effet, on commence par demander au Presidial de Bourg, dans quelle Ordonnance il a trouvé écrit que la discution est un cas royal; car il faut que le Presidial convienne malgré lui, que les cas royaux ne dependent pas du caprice des Officiers Royaux, & qu'ils ne sont pas arbitraires, ils dépendent uniquement des Ordonnances.

M^e. Loyseau dans son Traité des Seigneuries, chap. 14. commence par dire qu'il y a une grande difference entre les droits royaux, & les cas royaux, qu'il ne faut pas confondre.

Les droits royaux concernent la Seigneurie souveraine du Roi, & sont aussi inseparables de sa personne que la Royauté même; mais les cas royaux n'ont de rapport, & ne regardent que la Justice, & sont ainsi appellés par un racourcissement de langage, au lieu qu'il faudroit dire *cas des Justices Royales*.

Ensuite Loyseau definit les cas royaux, ainsi que tous les autres Auteurs qui en ont parlé, ceux esquels le Roi a interest pour la conservation de ses droits, ou la manutention de son autorité, & qu'attendu qu'il n'est pas juste que le Roi demande justice aux Juges de ses Sujets, tels cas doivent seulement être traitez en Justices Royales; desquels cas il fait l'énumeration qu'il seroit superflus de rapporter ici.

Il faut seulement rappeller la judicieuse observation que cet Auteur fait, qu'il faut bien prendre garde de ne pas confondre l'interest du Roi, qui est l'unique fonddement des cas Royaux avec l'interest public, ou de Justice, qui de necessité depend & est annexé à la haute Justice, & duquel la poursuite appartient au Procureur d'Office; c'est-à-dire public, qui a deux charges, l'une de poursuivre les droits du Seigneur, & l'autre qui est la principale, de veiller à l'interest public, ou de justice, soit en la punition des crimes, soit en la police, soit en toutes autres occurrences.

Voilà qui confond la proposition erronnée du Presidial, que l'on appelle cas royaux, non seulement ceux qui regardent le Roi & la Couronne, mais encore ceux qui regardent l'ordre general & le bien public, que le Presidial par une suite d'absurditez, dit être toujours attachez à la Royauté.

Il faut que le Presidial n'aye pas les premieres notions, pour oser définir les cas royaux, ceux qui regardent le Roi & sa Couronne, & qui sont attachez à la Royauté; car il n'y a que les Droits Royaux qui sont, comme on vient de le dire, ceux qui regardent uniquement la souveraineté, qui soient attachez à la Couronne & à la Royauté, tels que sont, par exemple, le droit & la puissance de faire des loix, de créer des Magistrats, d'arbitrer la paix & la guerre, &c. Voilà ce que l'on appelle Droits Royaux, qui sont attachez à la Couronne & à la Royauté, & non point les cas Royaux, qui sont *des cas des Justices Royales*. Desquels cas des Justices Royales, on ne peut point faire l'extention à ce qui concerne l'interêt public & de la Justice, parce que, comme l'a remarqué Loyseau, ainsi que M^e. Baquet & tous les Auteurs, l'interêt public ou de Justice, dépend de necessité, & est annexé à la haute Justice, puisque le Roi en concedant par un effet de sa puissance Souveraine, la Justice aux Seigneurs dans l'étenduë de leurs Fiefs & Seigneuries, & en leur permettant d'établir des Juges pour rendre la justice à ses Sujets justiciables des Seigneurs, a conferé par une consequence necessaire & indispensable à ces Juges & Officiers, le pouvoir, & le soin de veiller à ce qui regarde l'interêt public, ou de justice.

Par exemple, rien au monde ne regarde plus l'ordre géneral, & n'interesse tant

K

le Public, que l'exercice terrible de la puiſſance du glaive que le Roy a accordé à tous les Seigneurs hauts-Juſticiers, ce qui démontre par conſequent la fauſſeté de la propoſition du Preſidial que tout ce qui regarde l'ordre general, & le bien public, doit eſtre compris dans le nombre des cas Royaux, & pour le dire en un mot, il n'y a point d'Acte de Juſtice de quelque nature qu'il puiſſe eſtre, qui ne regarde l'ordre general, & qui n'intereſſe le bien public: Inutile de s'étendre davantage là-deſſus.

On finira cette Diſſertation par un exemple également ſenſible & familier qui forcera le Preſidial de retracter luy-même la propoſition qu'il a fait que la diſcution generale doit eſtre miſe dans le nombre des cas Royaux.

Les Decrets ſont dans les autres Provinces ce que la diſcution generale eſt dans la Breſſe, le Decret & la diſcution ne different que quant aux ſolemnité; celles du Decret dépendent uniquement des Ordonnances, & celles de la diſcution des Statuts de Breſſe, le Decret purge abſolument toutes les hyppoteques, & tous droits réels, & de proprieté ſi vray même que ſi dans la ſaiſie réélle on avoit compris quelque heritage qui n'appartint pas au debiteur, & que le proprietaire de l'heritage obmette de former ſon oppoſition afin de diſtraire auparavant l'adjudication, il perdroit la proprieté de ſon heritage, & même le prix d'icclui s'il obmettroit de former ſon oppoſition pour venir ſur le prix avant le Decret levé & ſcellé * les Decrets ſont outre cela beaucoup plus ſolemnels que les diſcutions, & les mêmes difficultez, ou inconveniens, dont le Preſidial de Bourg voudroit ſe faire un moyen, qui ſont les oppoſitions de differentes perſonnes, les differents degrez de Juriſdiction, la ſituation des biens dans differentes Juriſdictions; les hypoteques, privileges, preferences & autres, tous ces prétendus inconveniens ſe rencontrent dans les adjudications par Decret, également comme dans les diſcutions de la Breſſe.

Cependant c'eſt une Maxime generale du Royaume que les Juges des Seigneurs hauts-Juſticiers connoiſſent des Decrets pourvû que les immeubles ſaiſis ſoient ſituez pour la plus grande partie dans le reſſort de la Juriſdiction des Seigneurs hauts-Juſticiers.

Or s'il eſt certain comme il n'eſt pas permis d'en douter, que les Decrets ne ſont point compris dans le nombre des cas Royaux, & que les Juges des Seigneurs hauts-Juſtiers ſont en droit, & en poſſeſſion de connoître des Decrets. On demande au Préſidial de Bourg luy-même de quel droit, & de quelle autorité il veut ſe donner la liberté de dépouiller les Juges des Seigneurs hauts-Juſticiers de Breſſe de la connoiſſance des diſcutions, cela choque également l'équité, & les Ordonnances; car comme dit Loyſeau il n'y eût jamais dans aucun cas tant d'Ordonnances, que celles qui ont eſté faites exprès pour reprimer les entrepriſes des Juges Royaux ſur les Juſtices des Seigneurs. Saint Louis en 1254. Philippes le Bel en 1302. Philippes de Valois en 1338. Le Roy Jean en 1350. Charles V. en 1357. Charles VI. en 1408. Charles VII. en 1443. Charles VIII. en 1490. François I. en 1538. & Henry IV. en 1601. qui deffendent tres-expreſſément aux Baillifs & Senechaux d'entreprendre aucune Juriſdiction ès Terres des Barons & Seigneurs hauts-Juſticiers. *Pour ce que pluſieurs de nos Officiers ſe ſont mélez d'attribuer a eux, la Juriſdiction des Seigneurs & Juges ordinaires, * dont le Peuple eſt moult grevé, nous deſirons que chacun uſe de ſon droit de Juſtice, & Juri'diction; Ordonnons que toutes ſoient laiſſées aux Juges ordinaires, & à chacun ſingulieremrnt ſa Juriſdiction, ſans que nos Baillifs, Prevoſts, & autres nos Juſticiers, les puiſſent traire pardevant eux, ſinon que ce fût en pur cas de reſſort, & Souveraineté ſeulement.

Il ne reſte plus qu'à demander l'execution de tant d'Ordonnance ſi reſpectables, qui condamnent ſi ouvertement les entrepriſes que le Preſidial de Bourg a fait juſqu'à preſent, ſur les Juſtices de M. le Comte de Mont-Revel, & de M. le Marquis de Saint Martin, de même que des autres Seigneurs des Terres de marques, & de dignitez de la Province.

De pareilles entrepriſes ſont des attentats à l'autorité Royale, parce qu'elles ſont un mépris formel des Ordonnances, & des conceſſions faites par les Souverains, elles ſont injurieuſes à la grande Nobleſſe, puiſqu'elles tendent à degrader leurs Terres, & à anneantir leurs Juſtices, que le Roy tient ſous ſa protection, comme procedantes de lui, elles ſont infiniment préjudiciables aux Sujets du Roy, juſticiables des Seigneurs, & elles ſont des contraventions au droit Public du Royaume: *Reipublicæ enim intereſt, ne turbentur, & confundantur Juriſdictiones.*

ROBERT, Avocat.